Ulrike Strätling
Gleich morgen fange ich an

printsystem®
MEDIENVERLAG

Gleich morgen fange ich an

Ulrike Strätling

Impressum

Autorin
Ulrike Strätling

Verlag
Printsystem Medienverlag, 71296 Heimsheim
www.printsystem-medienverlag.de

Druck
Printsystem GmbH, 71296 Heimsheim
www.printsystem.de

Buchgestaltung
Grafik- und Designstudio
der Printsystem GmbH

Copyright
Nachdruck verboten. Gleiches gilt für Vervielfältigungen,
Übersetzungen, Ablichtungen jeglicher Art und Verarbeitung
mit elektronischen Systemen.

1. Auflage, Juli 2015

Der Umwelt zuliebe gedruckt auf umweltfreundlichem,
chlor- und säurefrei gebleichtem Papier.

ISBN 978-3-945833-41-4

Inhalt

Statt eines Vorworts	7
Meine persönliche „Löffelliste"	11
Entfaltungsmöglichkeiten	17
Malerarbeiten	20
Schlabberlook	24
Inspektion	26
Alte Freunde	28
Ersatzpunkt zwölf	31
Biblische Weisheit	33
Hoch hinaus	36
Großmutters Rezepte	38
Avocado, Äpfel und Zitrone	40
Zwischenergebnis	43
Freundin gesucht	44
Sport	49
Ehrenamt	52
Besinnung	55
Eine unerwartete Begegnung	59

Kulturfest	61
Literaturcafé	64
Ohrläppchen-Blues	67
Und täglich grüßt das Alter	69
Putzwahn und Vorfreude	71
Begegnung	74
Malzeit	75
Rückblick	78
Seniorin!	82
Willkommen im Club	85
Ab in den Urlaub	88
Erkenntnisse	89
Strandkorb-Gedanken	92
Overdressed	96
Schlammpackung	98
Verjüngungskur	100
Wieder zu Hause	103
Frühstückstreffen	104
Neuer Haarschnitt	108
Neues Handy	110
Statt eines Nachworts	115

Statt eines Vorworts

Gedankengänge – Freitagabend

Warum nur in aller Welt ist es so schwer, ein vernünftiges Buch zu schreiben? Verflixt noch mal, ich bekomme das einfach nicht hin. Jährlich erscheinen tausende neue Bücher, von bekannten und unbekannten Autoren. Jeder Promi schreibt ein Buch – ob es gut ist oder nicht, die Leute werden es kaufen, und der Verlag reibt sich die Hände. Es gehört wohl schon zum guten Image, ein Buch zu veröffentlichen. Und vielen gelingt es auch noch, alles in wohlformulierte Worte zu packen, mit fesselnden Handlungen. Bloß ich kriege das nicht hin. Zumindest nicht so richtig, so an einem Stück mit Spannung, Höhepunkt und Ende. Und habe ich dann doch mal eine zündende Idee und endlich alles zu Papier gebracht – dann will es niemand haben. Das ist zum Haareraufen. Jahrelang sitze ich schon mit angespitztem Bleistift da, und das Papier ist immer noch leer. Ich glaube, das nennt man Schreibblockade, eine mächtig lange Schreibblockade. Zu lange! Nun bleibt mir nicht mehr allzu viel Zeit. Wenn mir nicht bald etwas einfällt, wird es nie etwas.

Inzwischen bin ich alt geworden, noch nicht uralt, aber schon ganz schön alt. Jedenfalls bin ich nicht mehr jung, aber auch nicht zu alt, um mich nicht mehr jung zu fühlen. Nur manchmal fühle ich mich alt, aber das sage ich niemandem. Es ist ja allseits bekannt, dass man über das Alter einer Frau nicht spricht. Darum mogel ich oft, aber nur, wenn ich mich gerade jung fühle. Eigentlich fühle ich mich oft jung, aber das zeige ich dann auch nicht, weil andere das albern finden würden. Immer hübsch dem Alter entsprechend benehmen, sonst zerreißen sich die Leute die Mäuler: „Wie die sich benimmt." Oder: „Die zieht sich an wie ein Teenager." Oder: „Die flippt doch aus!" Ich habe das alles schon mit bekommen, wenn hinter meinem Rücken getuschelt wird und wenn die Finger auf mich zeigten.

Aber Tatsache ist nun mal, dass ich das meiste von meinem Leben gelebt habe und nicht mehr viel übrig ist. Was ich nur nicht so ganz verstehe – gestern war ich noch jung, knackig, faltenfrei und voller Energie. Das Alter hat sich nicht bei mir angekündigt, es hat mich einfach von heute auf morgen und dazu noch hinterlistig von hinten überrollt. Wie eine Walze, wie eine Herde wild gewordener Moschusochsen: es kam, sah und siegte. Das Schlimme daran ist, ich habe es noch nicht einmal gleich bemerkt. Andere mussten mich erst darauf aufmerksam machen und mir sagen, dass das Alter da ist, sich eingenistet hat und nicht mehr gehen will. Und dann merkte ich: Das Alter ist hartnäckig und es hinterlässt überall Spuren, egal wo es sich gerade aufhält.

Da kann man cremen, zupfen und klatschen, das Alter macht sich nichts daraus. Noch nicht einmal ein anständiges Gebet hilft. Auch der Gang in die Kirche ist vergeblich, kann man sich sparen, denn das Alter ist immun dagegen, und die Falten sowie die schlaffe Haut gehen davon auch nicht mehr weg.

Die Tage, an denen ich mich alt fühle, habe ich diesem ungebetenen Gast zu verdanken, wenn er sich ungefragt in meinen Knochen austobt. Über Sport und diverse Dehnübungen, ja sogar über hoch angepriesene Salben lacht sich das Alter kaputt. Man kann das Alter noch nicht einmal rausschmeißen, ihm kündigen oder sonst etwas machen, es hat Wohnrecht auf Lebenszeit. So komme ich zu der Erkenntnis, dass das Alter sehr übel ist und mir meine restlichen Jahre gehörig vermiesen wird. So viel steht fest, daran ist nichts zu machen.

Und dabei bin ich noch gar nicht so alt, ich bin nur am Ende meines Jungseins.

Anscheinend sind nicht alle meiner Meinung. Da steht mein Mann eines Morgens vor mir und sagt, nach einer für mich schlechten Nacht: „Du siehst heute Morgen ganz schön alt aus. Hast du gestern auch schon so viele Falten um den Mund herum gehabt?" Das zieht einen ganz schön runter. Und als wenn das der Feststellungen nicht genug wäre, meint er beim Frühstück: „Deine Hände haben so viele braune Flecken. Ist das normal? Kann man was dagegen tun? Wenn ja, mach was."

„Das sind Altersflecken", sage ich nur, und der Tag ist für mich gelaufen.

Ich hatte mal gedacht – also vor gefühlten hundert Jahren, als ich noch jung war –, mir würde das Altern nichts ausmachen, es gehört schließlich zum Leben dazu. Ich wollte, naiv wie ich war, ganz in Ruhe und mit viel Humor und vor allem mit Eleganz alt werden. Ich stellte es mir sogar schön vor. Ach war ich blöd! Nun, wo es soweit ist, weiß ich nicht damit umzugehen. Ich konnte mich ja noch nicht einmal vorbereiten. Eigentlich will ich das widerwärtige Alter nicht, aber ich werde ja nicht gefragt. Was nun? Sicher wird sich Schwermut bei mir einstellen. Und das wäre das frühzeitige Ende.

Nicht mit mir! Ich mache es dem Alter schwer. Es wird an mir zu knacken haben. Ich werde diesem üblen Mitbewohner ein Schnippchen schlagen. Wenn es meint, es könne mit mir machen, was es will, mich lahm legen, sprachlos und wehrlos machen, mich hässlich werden lassen und meine Haare grau färben, dann ist es schief gewickelt. Es gibt tolle Haarfärbemittel, es wird sich wundern. Ich sage dem Alter den Kampf an, bis dass es sprachlos und machtlos ist.

Gleich morgen fange ich an!

Meine persönliche „Löffelliste"

Samstag

Ich erwache mit viel Energie und guter Laune. Doch als ich etwas später in den Spiegel sehe, sinkt der Gutelaunepegel um die Hälfte. Da ist es wieder, das Alter, dieses Monster. Ich muss es aufhalten! Stoppen geht ja nicht, aber zumindest ein bisschen stoppen, sodass es sich nicht in Windeseile ausbreiten kann, um mich dann womöglich noch in eine Seniorenresidenz zu bringen. Ich komme zu der Erkenntnis, dass ich Ziele brauche. Gute Ziele, die mich jung halten. Der heutige Samstag eignet sich hervorragend, um darüber nachzudenken.

Ich gehe zu meinem schon lange angespitzten Bleistift und schreibe mir die Zahlen eins bis zehn auf das weiße Blatt Papier, welches bereits ewig lange darauf gewartet hat, beschrieben zu werden.

Gut, das gefällt mir schon mal. Ich denke kurz darüber nach, wie viele Jahre ich in etwa noch zu leben habe. Ein paar sind es schon noch – und wenn ich mich jung halte, werden es sicherlich noch ein paar mehr.

Der **erste Punkt** fällt mir sofort ein. Sorgfältig schreibe ich das Wort **Urlaub** hinter meinem ersten Punkt. Dass ich das Wort überhaupt noch in meinem Wortschatz habe, grenzt an ein Wunder. Urlaub hält jung.

Und weil ich seit Urzeiten keinen Urlaub hatte, bin ich auch wahrscheinlich etwas schneller gealtert. Ich werde reisen, mit oder ohne Ehemann. Das wird die erste große Barriere für den Kameraden Alter in mir.

Punkt zwei schließt sich gleich an. Eine **Ferienwohnung**. Dort, wo es mir am besten gefallen hat, werde ich mir eine Ferienwohnung nehmen. Dann kann ich an meinem Lieblingsort sein, wann immer ich will. Wenn nicht jetzt, wann dann? Die Zeit läuft, sie rennt, sie nimmt keine Rücksicht auf mich. Also muss ich handeln.

Punkt drei ist ganz wichtig und sehr nötig. Ich brauche eine **Freundin**. Und zwar eine, bei der auch schon das Alter die Herrschaft übernommen hat. Eine Freundin hält jung, auch wenn sie schon alt ist. Die Jahre zählen nicht. Die Hauptsache ist, wir kämpfen gemeinsam gegen das Alter. Zusammen sind wir stark, meine Busenfreundin und ich.

Punkt vier ist besonders wichtig für mich. Ich will endlich **ein Buch schreiben**, mein Buch, ein besonderes Buch, was nicht so ist, wie all die anderen Bücher, die es so gibt. Und wenn es sich dann gut verkauft, kann ich mir mit Leichtigkeit eine Ferienwohnung leisten.

Bei **Punkt fünf** bin ich mir nicht so sicher, finde aber die Idee ganz prickelnd. **Tanzen!** Tanzen soll ganz besonders jung und fit halten, auch den Geist, sozusagen vorbeugend gegen Alzheimer. Oder kann vielleicht sogar vor Alzheimer, dem schleichenden Vergessen, schützen. Oh, ich hoffe doch sehr stark, dass mein eigenes Alter nicht ganz so boshaft ist. Alzheimer kann ich nun gar nicht gebrauchen. Ich möchte nicht meine lieben Erinnerungen verlieren, nicht mehr wissen, wer ich bin und wo ich wohne, meinen Mann nicht mehr erkennen und mich in der Welt nicht mehr zurechtfinden. Oder letztendlich in meiner eigenen Welt leben. Der Gedanke macht mir Angst, trotzdem unterstreiche ich den Punkt.

Punkt sechs dient einzig und allein dem Spaßfaktor und der Neugier. Das allein soll ja schon jung halten. Ich möchte einmal mit einem **Hubschrauber fliegen**. Hubschrauber faszinieren mich. Ein Traum würde in Erfüllung gehen.

Punkt sieben dient der körperlichen Erholung. Eine **Reinigungsfrau für die Wohnung**. Ich habe dann mehr Zeit für mich und meine Ziele, würde meine Knochen schonen und vor allem die Hände. Scharfe Putzmittel sind Gift für die Hände, und ich habe nicht vor, das Alter zu unterstützen. Putzen ist nichts für mich. Putzarbeiten haben mich noch nie begeistert, es gibt Wichtigeres. Manche Frauen oder auch Männer putzen ja gerne. Meine Friseurin ist auch so eine, die gerne schon vor der

Arbeit ihren Haushalt in Ordnung bringt. Und das mit Leidenschaft. Ich putze nur, wenn es dringend notwendig ist. Aber wahrscheinlich kann ich mir sowieso keine Reinigungskraft leisten. Wieder ein Grund mehr, ein Buch zu schreiben, denn wenn das erste große Honorar kommt, habe ich ja genug Geld. Punkt sieben kann ja auch später in Angriff genommen werden.

Punkt acht gefällt mir. Ich brauche ein **Hobby**. Doch ich muss erst darüber nachdenken, was für ein Hobby mir in den nächsten Jahren das Leben versüßen wird. Ein Hobby regt das Gehirn an und muntert die eventuell eingeschlafenen Gehirnzellen wieder auf. Mit beiden Händen kreativ sein, ist schon für das Gehirn eine Herausforderung. Das wird dem Alter bestimmt nicht gefallen, es wird sich sehr schwer tun, an meine Gehirnzellen zu kommen.

Sogleich fällt mir **Punkt neun** ein. **Spazieren gehen**, jeden Tag wenigstens dreißig Minuten. Bewegung stärkt die Muskeln und den Kreislauf. Dazu wäre die Freundin gut, zu zweit läuft es sich unterhaltsamer. Ich allein werde mich bestimmt nur selten dazu aufraffen können. Aber das werden wir ja sehen. Der Punkt steht.

Punkt zehn fällt mir gleich ganz spontan ein. **Lange schlafen**, viel schlafen, das setzt Hormone frei, die dem Alter nicht gefallen. Schönheitsschlaf nennen das viele weibliche Promis nicht zu Unrecht. Ob das so stimmt, wird sich dann herausstellen. Ich muss diesen Punkt unbedingt sehr ernst nehmen.

Zufrieden schaue ich auf mein gut gefülltes Blatt Papier. Mir kommen Zweifel, ob ich das alles verwirklichen kann. Zehn Punkte sind ganz schön viel, und bei einigem wird es nicht leicht sein, das Ziel zu erreichen. Ersatzpunkte. Genau – ich brauche Ersatzpunkte, wenn das eine oder andere nicht klappen sollte.

Ich nehme noch einmal den Bleistift. Ich muss ihn anspitzen, wer hätte das gedacht.

Ersatzpunkt elf. Ein **neuer Haarschnitt** muss her, das verjüngt schon mal rein äußerlich.

Ersatzpunkt zwölf soll mich mal wieder ab und zu in die **Kirche** führen. Vielleicht begegne ich dort meiner zukünftigen Freundin. Und beten schadet nie.

Ersatzpunkt dreizehn soll ein **Pilgerweg** sein. Nicht dass ich Buße tun will, aber ich möchte es gerne machen, doch ich weiß jetzt schon, dass dieses Ziel wohl kaum zu erreichen ist.

Ersatzpunkt vierzehn, weiß ich noch nicht. Nun bin ich zufrieden. Der erste Schritt ist getan.

Beim Mittagessen nutze ich gleich die Gelegenheit, meinen Mann zu fragen, ob er mit mir in den Urlaub fährt. Nein, er will nicht. Dachte ich mir schon. Er ist nun mal nicht der Urlaubstyp. Aber ich will und ich bitte ihn, mir im Internet ein hübsches Örtchen an der Nordsee zu suchen. Punkt eins ist in Angriff genommen. Urlaub – schon bei dem Gedanken fühle ich mich um einige Jahre jünger. Neue Eindrücke sammeln, andere Wege gehen, Urlaubsbekanntschaften schließen und mal nicht alltägliche Dinge tun. Da wird das Alter dumm gucken.

Ich fühle mich gerade ruhig und entspannt. Ein guter Moment, um über ein Hobby nachzudenken. Womit würde ich mich gerne mal in meiner Freizeit beschäftigen? Was würde mich in positive Stimmung versetzen und was würde mich fordern, damit mein Gehirn auch mal eine Abwechslung bekommt? Malen, ja, Malen wäre schön. Romantische Landschaften oder das Meer mit seinen Wellen und Schaumkronen. Darüber den Himmel mit weißen Wolken, unter denen die Möwen fliegen. Bäume sind auch gut, saftige alte Bäume mit knorrigen Stämmen. Bäume machen sich immer gut, sie sind wie ein Zeichen des langen Lebens. Ich beschließe, von all dem so richtig angespornt, in der kommenden Woche Farben, Pinsel und Leinwände zu kaufen. Und wenn dann die Malutensilien bei mir zu Hause sind, kann ich dem Alter schon mal damit drohen. Gegen Farben wird es ja wohl nicht auch noch immun sein. Ich probiere es auf jeden Fall aus. Ich freue mich auf die Pinselschwingerei.

Mein Mann googelt unterdessen eifrig. Gerade ruft er mich wieder, und ich eile zu ihm. Er zeigt mir kleine Ortschaften in Ostfriesland, die auch allesamt sehr schön sind. Doch das, was ich mir so vorgestellt habe, ist leider nicht dabei. Ich lasse ihn weitergoogeln und ziehe mich zurück. Den Rest des Tages will ich verbummeln.

Entfaltungsmöglichkeiten

Montag

„O mein Gott, sehe ich zerknittert aus", rufe ich, als ich aus Versehen am Morgen in den Spiegel schaue. Und wo ich schon mal dabei bin, zähle ich die Falten nach. Es sind noch genauso viele wie gestern. Aber mein Hals, der sieht heute total schlapp aus. Wie ein Waschbrett, nur labriger. Und rechts und links vom Kinn sieht es auch jämmerlich aus. Da ist keine Spannung mehr drin, da hängt es mächtig. Ich ziehe meine Gesichtshaut nach oben, so müsste es bleiben. Aber mein Lifting fällt wieder zusammen. Das Alter ist wie ein schlimmer Virus. Gibt es keine Tabletten dagegen? Ich zupfe ein bisschen an meiner Gesichtshaut herum, dann verpasse ich mir zwanzig ordentliche Klatscher ins Gesicht – anschließend ist alles wie vorher, nur rosiger. Und weh getan hat es auch. Ich rücke ganz nahe an den Spiegel heran. Mein Blick ist drohend und düster. Ich schaue mir ganz tief in die Augen. Noch tiefer, der Spiegel beschlägt schon von meinem Atem. Zornig zische ich in den Spiegel: „Wo bist du? Alter, zeige dich!"

Es kommt natürlich nicht hervor. Sicherlich gräbt es gerade, nur um mir eins auszuwischen, eine neue Falte.

Ich war mal so hübsch. Nun erkenne ich mich kaum wieder. Ich muss meine ganze Vorstellungskraft zusammennehmen, mit viel Fantasie erkenne ich dann noch alte, bekannte Gesichtszüge. Und mit noch mehr Fantasie kann ich mir vorstellen, wie mir mein Gesicht früher im Spiegel entgegensah. Das Alter ist grausam. Da fällt mir **Punkt zehn** ein. Schlafen, viel und lange schlafen! Ich werde diesen Punkt sofort in die Tat umsetzen. Keine weiteren Falten, keine zusätzlichen schlaffen Hautpartien durch viel Schlaf. Ich drehe mich um und gehe wieder ins Bett.

In ungewohnter Schlafposition liege ich nun auf dem Rücken. Die Seitenlage will ich vermeiden, wegen der Knitterfalten im Gesicht und auf der Brust. Mein Dekolleté soll nicht unnötig leiden, denn es ist Gott sei Dank noch im Vorzeigestadium. Schließlich muss ich dem Alter keine unnötigen Angriffsmöglichkeiten auf noch unberührte Gebiete geben. So, ich bin nun so weit und schließe genüsslich die Augen. Die Zeit vergeht, doch ich kann nicht einschlafen. Weitere kostbare Zeit verstreicht und ich kann sie immer noch nicht schlafend nutzen. Mein Rücken fängt an zu schmerzen. O Gott, ich kriege Rücken vom Liegen. Außerdem schreit der Rücken nach einer Lageveränderung. Ich trotze seinen Signalen und bleibe stur auf dem Rücken liegen.

Mir fällt ein, dass ich doch eigentlich in den Bastelladen wollte, zwecks Malutensilien. Ich wäge schnell ab, was wichtiger ist und entscheide mich fürs Liegenbleiben. Als weitere zwei Stunden vergangen sind, in denen sich schlafmäßig nichts getan hat, stehe ich auf. Der Rücken ist völlig lahm und der Hintern taub. Ich kann kaum laufen. Wie von schwerer Gicht geplagt, schleppe ich mich vorwärts.

Mein Mann fragt: „Bist du krank?"

„Schlapp, nur schlapp", antworte ich und denke dabei an meine schlappen Hautpartien. Mir kommt der Gedanke, ob ich nicht ein wenig übertreibe. Wahrscheinlich kommt hier und jetzt meine Eitelkeit ins Spiel.

Malerarbeiten

Dienstag

Heute nehme ich **Punkt acht** in Angriff und fahre zum Bastelladen. Kaum habe ich das Geschäft betreten, fühle ich mich in meine Kindheit zurückversetzt. Ich glaube, ich bin gerade faltenfrei. Wo ich auch hinschaue, es ist bunt, glitzernd, und es duftet nach Holz und Papier. Mir sticht ein buntes Sortiment an Perlen in die Augen. Magisch zieht es mich zu der mächtig großen Auswahl. In diesem Moment erwacht das Kind in mir, und ich packe reichlich von den Perlen, Verschlüssen und Schnüren in den Einkaufskorb. Eine hübsche modische Kette am Hals lenkt vom Gesicht ab. Ideal!

Nun will ich aber das Malzeug finden. Ah, ich sehe es und eile hin. Ich kann mich nicht entscheiden, weil ich gar nicht so genau weiß, was ich eigentlich brauche. Wasserfarben. Aquarellfarben, Ölfarben ... ich gehe weiter und komme zu den Acrylfarben. Das sieht gut aus. Hier steht alles zusammen, was ich so brauche. Eifrig suche ich mir mehrere Leinwände aus, jede Menge Farben in Tuben und Pinsel. Ups, ganz schön teuer. Nun noch Farbverdünner, flüssiges Weiß zum Grundieren und einen Spachtel. Angeblich braucht man das alles. Ein Anleitungsheft kommt auch noch in den Korb. Ab zur Kasse. Ich habe es plötzlich sehr eilig, denn ich will noch heute ein Bild malen.

An der Kasse dann der Schock! Eine horrende Summe erscheint im Display. Das wird ein Loch in meinen Etat reißen. Sagte ich Loch? Einen Krater von den Ausmaßen eines Riesenkometen wird es geben. Ich überlege kurz, ob ich die Perlen wieder zurücklegen soll. Ich kann mich nicht entschließen. Stattdessen bilden sich bei mir Perlen, nämlich auf der Oberlippe. Schweißperlen. Vor meinem inneren Auge tanzen meine Falten Polka, und meine hängenden Hautpartien starren mich flehend an.

Hin- und hergerissen sage ich schließlich: „Im Hinblick auf wesentlich weniger Falten, ist mir nichts zu teuer." Das hat einen unbeschreiblichen, verständnislosen Blick der Kassiererin zur Folge. Ich bezahle schnell und mache, dass ich fortkomme.

Dann springe ich noch schnell in die Buchhandlung. Bücher, wie wunderbar, ich liebe Bücher! Und bald schon soll auch ein Buch von mir dabei sein. Am besten im Bestsellerregal. Dann hätte ich auch kein so riesiges Loch in meinem Etat. Ich gehe zu dem Regal mit der Aufschrift „Hobby" und finde ein Buch von dem Maler Bob Ross. Gott sei Dank, es ist reduziert. Ich kaufe es. Nun aber ab nach Hause. Noch heute werde ich dem heimtückischen Alter die Stirn bieten. Mit Perlen und Farben!

Am Nachmittag baue ich mir die Malsachen auf meinem großen Arbeitstisch in meinem Arbeitszimmer auf. Die Bezeichnung Arbeitszimmer tut mir gut und ist auch gerechtfertigt, denn hier wird mein Buch entstehen. Aber alles der Reihe nach. Im Grunde geht mir alles nicht schnell genug. Aber Geduld war schon immer ein Fremdwort für mich.

Eine Staffelei habe ich leider nicht, darum lege ich die Leinwand auf meinen großen, vielseitig verwendbaren, lindgrün lackierten Tisch. Alles andere baue ich rundherum auf. Ich habe mich für ein Bild mit Wasserfall von Bob Ross entschieden. Er erklärt in dem Buch Schritt für Schritt, wie ich vorgehen muss. Es erscheint mir doch recht einfach. Ich lege los. Der Topf mit dem Flüssigweiß geht nur sehr schwer auf. Mit dem flüssigen Weiß grundiere ich nun großzügig die Leinwand. Dazu benutze ich einen Flachpinsel, genau nach Anweisung. Ich fühle mich wie eine richtige Künstlerin. Das Zeug stinkt allerdings, aber das gehört wohl dazu. Ich lese bei Bob Ross nach, was als Nächstes folgen soll. Zu spät sehe ich, dass das Flüssigweiß nur sparsam, sozusagen hauchdünn, aufgetragen werden soll. Bei mir auf der Leinwand glänzt es nur so vor Nässe, und es läuft sogar davon. Das Flüssigweiß kann erst mal wieder weg, und ich drücke den Deckel auf den Topf. Schwapp! Der Deckel ist in den Topf geflutscht, und das flüssige Weiß macht seinem Namen alle Ehre. Es ist überall. Ich sehe weiß, wohin ich auch blicke. Die Farbe ist meterweit gespritzt, mein Umfeld hat mehr oder weniger große weiße Farbflecke. Meine Arme sind voll, mein Gesicht und die Brille sind gesprenkelt, der Fernseher hat weiße

Spritzer und erst der schwarze Schrank und der Teppich ... Ich schaue lieber weg. Das Chaos ist perfekt.

Meine folgende Beschäftigung hat nichts mehr mit Malen zu tun. Auch wird es dem Alter nicht den Garaus machen. Die Farbe ist außerordentlich hartnäckig, wie das Alter, und hält mich für zwei Stunden auf Trab. Dann bin ich dran. Ich frage mich allerdings ein paar Minuten später, ob die Reihenfolge sinnvoll war, denn ich bekomme das Weiß nicht mehr ab. Es klebt wie Gummiarabikum. Ich verschmiere nur alles, und letztendlich liegt eine Schicht Weiß gut verteilt auf meiner Haut. Ich sehe aus wie eine Mumie.

Mein Arbeitszimmer ist um einen Teppich ärmer, ich bin eine Kalkwand und beschließe, die künstlerische Tätigkeit auf später zu verschieben. Jetzt wäre ein Urlaub gut.

Zerknirscht und kraftlos schlurfe ich zu meinem grinsenden Mann.

„Ist dir übel? Du siehst so weiß aus", fragte er und bricht sogleich in schallendes Gelächter aus.

„Hast du schon ein schönes Urlaubsörtchen gefunden?", frage ich, ohne seine Frage zu beachten. Er hat und zeigt es mir auf dem PC. Was ich sehe, gefällt mir. Genau dort möchte ich gerne hin. Mein Mann bucht für mich. Vierzehn Tage im Mai. Schade, dass es noch einige Wochen bis dahin sind. Aber wenigstens hat das geklappt.

Schlabberlook

Mittwoch

Es ist noch früh am Morgen. Im Bademantel hole ich mir das Sortiment Perlen hervor. Ich bestimme einen Nylonfaden auf eine Länge, knote den Verschluss fest und beginne mit dem Aufziehen der Perlen. Herrlich, das kann ich, und es macht Spaß. Es geht mir schon fast zu schnell, denn nach ein paar Minuten ist meine erste Kette bereits fertig. Mein erster selbst hergestellter Schmuck – und er sieht gut aus. Das ist ein super Start in einen neuen Tag, besser kann es nicht sein. Beflügelt vom Erfolg eile ich ins Bad. Erneut schrubbe ich an meinen weißen Armen herum. So langsam wird es.

Ich steige in meinen frischen Slip und erstarre gleichzeitig zu Granit.

„Oh, mein Gott, was ist das?", schreie ich. Mein Blick hängt fest auf meinem linken Oberarm. Langsam schiele ich nach rechts, zu meinem rechten Oberarm. „Da auch", schreie ich erneut auf. Meine Oberarme sind spannungslos und schlaff. Sie werfen Falten.

„Es reicht, das muss doch nicht auch noch sein", schimpfe ich. Ich löse meine steinerne Fassade auf und bewege die Arme auf und ab. Auf geht es, aber ab … Das sind keine Oberarme mehr, das sind ausgediente Schwämme. Wut steigt in mir auf. Verzweiflung macht sich breit. Schnappatmung setzt ein. Japsend ringe ich nach Luft. Ich zwinge mich zur Ruhe.

Ärmellose Shirts sind in Zukunft tabu, fehl am Platz. Ich stelle mir vor, wie ich bei strahlendem Sonnenschein in langärmeligen Klamotten am Strand spazieren gehe. Keine meiner Bekannten hat solche Oberarme. Warum ich? Du widerwärtiges Alter geh und suche dir ein anderes Opfer!

Ich renne schnurstracks zum Altpapierkorb und wühle aufgebracht darin herum. Da ist es. Ein kurzer Blick reicht, und ich haste zum Auto. Ab zu Aldi, da gibt es heute Hanteln. Ich muss dringend Muskeln aufbauen, und bekanntlich ist es nie zu spät dafür. Bis ins hohe Alter – davon bin ich noch etwas entfernt – soll das möglich sein. Ein ordentlicher Muskelberg unter meiner Haut an den Oberarmen wird die Arme schon wieder straffen.

Am Abend – mein Mann schläft schon, und er soll das auch gar nicht mitbekommen – stemme ich die Hanteln. Rauf und runter, bis es weh tut.

Inspektion

Donnerstag

Ich bekomme die Arme nicht mehr hoch. Ein guter Zeitpunkt zum Nachdenken. Ich werde mich anstrengen, dabei keine Grübelfalten zu bekommen. Gesichtsmimik ist in meinem Alter Gift. Die Furchen und Runzeln werden dabei nur noch tiefer gegraben. Wie ein frisch gepflügtes Ackerfeld soll mein Gesicht auf keinen Fall aussehen. Zumindest jetzt noch nicht. Make-up wäre dann völlig zwecklos, es bleibt in den Runzeln hängen, setzt sich dort gemütlich ab, und der Effekt ist hin.

Auf dem Sofa versuche ich, zu entspannen und wider Erwarten gelingt es mir. Ich spüre meinen Herzschlag. Oh, mein Gott, was, wenn auch das Herz schlapp und schlaff wird? Oder sogar Falten bekommt. So viel wie ich weiß, funktionieren auch die Organe im Alter nicht mehr alle ganz fehlerfrei. Zentimeter für Zentimeter reise ich durch mein Innerstes. Ich horche auf meinen Magen. Er knurrt. Was hat er, ist er krank und schlaff?

Ich versuche, mir meine Venen von innen vorzustellen. Über all die Jahre sind bestimmt eine Menge bösartiger Ablagerungen in ihnen gewachsen. Vielleicht ist es nur noch eine Frage der Zeit, bis das das Blut nicht mehr richtig zirkulieren kann?

Mein inneres Auge wandert zur Blase. Wenn die erst schlapp macht, drohen Inkontinenzmittel. Vorlagen oder sogar ganze Hosen gegen die unkontrolliert austretende Körperflüssigkeit. Tena Lady, Schonkost, Stützstrümpfe, Herzschrittmacher, Rollator, Gesundheitslatschen, erhöhter Toilettensitz ... Mir wird ganz schlecht.

Ich beschließe, kurzfristig etwas fettreduzierter zu kochen und den Zucker zu vermeiden. Dann stehe ich auf. Es ist besser so, denn meine Gedankengänge machen mich ganz fertig.

Ein bisschen Googeln wird mich ablenken. Beim Googeln fällt es mir dann plötzlich wie Schuppen von den Augen. Ein genialer Geistesblitz durchschießt mich. Heidewitzka, das ist es. Der Wunsch eine Freundin zu finden, scheint greifbar nah. **Punkt drei** scheint in absehbarer Zeit in Erfüllung zu gehen, und das Zauberwort dazu heißt: Facebook. Das ist die Top-Adresse. Emotional stark aufgewühlt, tippe ich die Buchstaben ein. Durch und mit Facebook Freunde zu finden, das ist der Schlüssel zu meiner Busenfreundin. Ich melde mich an.

Den Rest des Tages verbringe ich damit, regelmäßig nachzuschauen, ob ich schon eine Freundschaftsanfrage habe. Von Stunde zu Stunde werde ich ungeduldiger, doch niemand meldet sich.

Alte Freunde

Samstagmorgen

Es ist Samstag, ein ganz gewöhnlicher Samstag. Der Tag, der zwischen Freitag und Sonntag liegt. Mein Gefühl sagt mir, dass es kein guter Samstag wird. Eher ein unheilvoller Samstag. Vielleicht weil alles wie Freitag ist oder wie Donnerstag – nichts ist anders. Alles ist wie gestern oder vorgestern. Es ist ein Samstag mit Falten und Furchen und meinem Feind, dem Alter. Es ist einfach nur ein Samstag, der mich einen Tag älter gemacht hat.

Und noch immer habe ich keine Freundschaftsanfrage auf Facebook, also ein weiterer trostloser Tag ohne Busenfreundin.

Ich muss mich dringend motivieren. Depressionen kann ich nicht gebrauchen, die werfen mich nur aus der Bahn und lassen mich zusätzlich eine gute Portion älter aussehen, als ich eigentlich bin.

Ich beschließe, bei Facebook nun selbst zu suchen. Ich muss selbst die Initiative ergreifen. Warten bringt nichts. Nach und nach gebe ich alle Namen meiner früheren Schulfreundinnen ein. Nichts, nicht eine ist bei Facebook. Das ist doch ein Ding der Unmöglichkeit! Leben die denn alle hinterm Mond? Nach zwei Stunden bin ich durch und völlig erledigt. Mir fallen keine weiteren

Namen und keine Menschen mehr ein, mit denen ich befreundet sein möchte.

Frustriert mache ich einen Spaziergang. Die Herbstluft ist angenehm trocken, und die Sonne scheint. Ich laufe strammen Schrittes, als ob ich es eilig hätte. Das soll gesund sein. Ich laufe auf diese Weise um den nahe gelegenen See. Es tut mir gut und macht den Kopf frei und – zack – da kommt mir eine Idee. Ich renne nach Hause. Rennen soll ja auch ganz gut sein.

Beflügelt von zehntausend Hoffnungsfunken krame ich eine alte Aktentasche hervor. Voller Vorfreude öffne ich sie langsam, es ist ein ganz besonderer Augenblick. Über mehrere Jahrzehnte ruht diese Tasche bereits unbeachtet, vergraben unter einer alten Schreibmaschine, neben einem noch älteren Tonbandgerät im Dunkeln eines Bauernschrankes. Jetzt präsentiert sich mir der gesamte Inhalt, ein Berg an Erinnerungen aus meiner Jugendzeit. Fein säuberlich gebündelt, Briefe über Briefe, Fotos und Postkarten. Ich suche mir ganz bestimmte Briefe heraus, und meine Hände zittern, als ich das Bündel in den Händen halte. Es sind die Briefe meines Brieffreundes Bernard aus Frankreich. Über viele Jahre haben wir uns geschrieben. Nur geschrieben, zu einem Treffen ist es nie gekommen. Ich war etwa siebzehn, als die Brieffreundschaft begann. Mehrere kleine Bilder liegen bei den Briefen, auf denen man erkennen kann, wie er sich im Lauf der Jahre verändert hat.

Voller Begeisterung lese ich einige Briefe, dann gebe ich seinen Namen bei Facebook ein. Treffer! Studierte in Lille, das ist er. Ich schreibe ihm eine Nachricht. Nun heißt es warten. Ich überbrücke die Wartezeit, indem ich weitere Briefe lese. Ich tauche in die vergangene Zeit ein und fühle fast wie damals, als ich die Briefe bekam und las. Aus dem Inhalt erkenne ich die Fragen, die ich damals stellte. Er beschreibt sein Leben und seine Gefühle, er hatte sich in mich verliebt. Ich kann nicht glauben, dass ich diese wundervollen Briefe all die Jahre vergessen hatte. Auch ich verliebte mich, obwohl wir uns niemals sahen. Und wenn ich schon keine Freundin finde, dann wenigstens einen Freund, einen alten Freund. Vielleicht kann ich meinen alten Brieffreund überreden, erneut eine Brieffreundschaft mit mir zu beginnen. Ach, wäre das schön.

Ich fühle mich unglaublich glücklich, und für den Rest des Tages kann mich keine Falte mehr ärgern. So schlecht war der Samstag dann doch nicht.

Ersatzpunkt zwölf

Sonntagmorgen

Ich stehe früh auf und sehe noch halb verschlafen nach, ob ich schon eine Antwort auf Facebook habe. Nichts. Schon sinkt der Gutelaunepegel wieder ab, und ich tröste mich damit, dass der Tag ja noch einige Stunden zu bieten hat. Doch was mache ich in der Zwischenzeit? Ich muss mich beschäftigen, sonst wird die Warterei zur Qual.

Da fällt mir **Punkt zwölf** – ein **Ersatzpunkt** – ein. Ich werde in die Kirche gehen. Schaden kann es auf keinen Fall, und ich kann den lieben Gott bei der Gelegenheit bitten, mich bei der Erfüllung meiner Ziele zu unterstützen.

Mit etwas gemischten Gefühlen mache ich mich auf den Weg. Ich stelle fest, dass ich einige Jahre oder sogar Jahrzehnte diesen Weg nicht mehr gegangen bin. Ich schäme mich etwas und muss mich plötzlich zwingen, weiterzulaufen. Meine Beine möchten gerne umkehren. Aber ich habe bereits den halben Weg hinter mir, es wäre albern. Bei jedem Schritt klimpert mein Kleingeld in der Manteltasche. Schon sehe ich die Kirche und auch die Menschen, die bereits hineingehen. Ich nehme all meinen Mut zusammen und gehe auch hinein. Sofort überkommt mich ein Gefühl von alter Vertrautheit. Das erstaunt mich. Ich schnappe mir ein Gesangbuch und setze mich in die zweite Reihe. Komisch, die erste Reihe ist komplett frei, hier will sich niemand hinsetzen. Haben denn alle Angst vor dem Pfarrer? Die zweite Reihe ist nun somit die erste Reihe, aber so sieht das wohl keiner, den alle scheinen sich wohlzufühlen.

Ich schaue mich gründlich um und stelle fest, dass ich niemanden kenne. Überwiegend sitzen schon ziemlich alte Menschen, also wesentlich ältere als ich, auf den Stühlen. Menschen in meinem Alter sind kaum vertreten. Ich halte nach Frauen Ausschau, die als Freundin in Frage kämen. Also vom Alter geplagt sind sie alle. Ich schau genauer hin, denn schließlich kann sich hinter jeder Fassade eine Freundin verbergen. Wie um Himmels Willen soll ich hier jemanden ansprechen? Hier in der Kirche führt nur einer das Wort, hier redet der Pfarrer. Vielleicht ergibt sich nach dem Gottesdienst eine Gelegenheit, mit jemandem ins Gespräch zu kommen. Vor der Kirche vielleicht? Eine Dame gefällt mir gut, und ich male mir aus, sie als Busenfreundin zu haben.

Der Organist spielt auf der Orgel, und der Pfarrer geht nach vorn zum Altar. Ich unterbreche meine Gedankengänge. Ich lausche den Worten des Pfarrers. Ach, wie gut das tut. Ich stelle verwundert fest, dass ich mit all meinen Sinnen der Predigt folge, ich bin gefesselt. Tief in Gedanken versunken, verlasse ich nach dem Segen die Kirche und gehe auf direktem Weg nach Hause. Ich vergesse, die Frau anzusprechen und das Geld in den Klingelbeutel zu werfen.

Noch immer tief beeindruckt schlendere ich am Nachmittag mit meinem Mann über den Antikmarkt. Plötzlich sticht mir, an einem kleinen unscheinbaren Stand, ein Holzkreuz ins Auge. Ich kaufe es. Mein Mann sagt nichts dazu, doch sein Blick spricht Bände. Zu Hause hänge ich mir das kleine Kreuz über mein Bett. Seit Langem bin ich mal wieder mit mir und meinen Falten im Einklang. Ich bin richtig rundherum zufrieden, ich kann mir das gar nicht erklären. Warum? Ich fühle mich auf einmal so geborgen, so behütet und verstanden, so warm und wohlig, wie seit Kindertagen nicht mehr.

Biblische Weisheit

Mittwochabend

Ich habe mir vor ein paar Tagen meine alte Bibel hervorgekramt. Hin und wieder lese ich mal ein wenig darin. Ich merke nun, wie sehr ich meinen Glauben vernachlässigt habe. Außerdem bin ich auf ein paar äußerst interessante Dinge gestoßen, die mich sehr fasziniert haben. Ich stelle mit Genugtuung fest, dass die weisen Männer, die Propheten und Gelehrten, oftmals alte Männer waren. Abraham, Mose, Jakob und Isaak, um nur ein paar Namen zu nennen. Sie alle sind klug und weise und trotz ihrer Falten und Runzeln sehr geschätzte Männer. Auch die Frauen werden in der Bibel zum Teil uralt. Rut, Ester und Sara, die im hohen Alter noch Kinder gebärt. Sie alle waren bestimmt runzelig und hatten graue Haare. Erstaunlicherweise stimmt mich das sehr zufrieden.

Klugheit geht vor Schönheit, stelle ich beglückt fest. Fazit: Ich brauche mich nicht zu Tode grämen, wenn das Alter wieder einmal eine Falte in mein Gesicht gräbt. Im Gegenteil, jede meiner Falten ist ein Produkt meiner Lebenserfahrungen. Ein jedes Fältchen und Runzelchen hat eine eigene Geschichte. Gute und lustige Geschichten sind dabei, das sind die Lachfalten. Und die Falten, die sich durch viel Gram und Leid eingegraben haben – dem Himmel sei Dank –, die Kummerfalten überwiegen nicht. Und die Falten, die das Alter mit sich bringt, ja, die sind überall, bloß nicht da, wo man sie nicht sehen würde. Tja, sie sind eitel, sie wollen gesehen werden und im Mittelpunkt stehen – die Altersfalten.

Doch ab heute werde ich an meiner Bildung arbeiten und die Tageszeitung erst lesen, statt damit gleich die Abfälle einzuwickeln. Ich werde Nachrichten hören und gute Bücher lesen, dann werde ich klug und weise. Das Alter muss damit leben, nicht mehr meine volle Beachtung zu erhalten und nicht mehr so wichtig zu sein. Die Propheten wurden durch ihre Furchen in ihren Gesichtern auch nicht vom wahren Leben abgehalten. Die klugen Männer studierten die Schriften und das Leben, bis zu ihrem Tod. Sie waren aktiv, bis sie steinalt waren und wurden von allen bewundert, geachtet und geehrt.

Alt und runzelig, aber dabei klug und weise – das ist ein schönes Lebensziel.

Und wie ich das im Moment beurteilen und einschätzen kann, habe ich gerade sowieso keine Alternative. Zumindest später, in ein paar Jahren nicht mehr, nämlich dann, wenn ich das Alter akzeptieren und mit ihm leben muss. Jetzt und heute will ich mich noch nicht geschlagen geben und dem Alter gründlich trotzen. Noch liege ich ganz gut in der Zeit, so zwei bis zehn Jahre kann ich noch kämpfen. Trotzdem ist es nützlich, schon an der Bildung zu arbeiten, denn dann habe ich in zehn Jahren nicht so viel auf einmal zu studieren. Eine gute Vorbereitung ist die halbe Miete auf das gemeingefährliche Alter. Und wenn ich dann ganz alt bin, sozusagen das Greisenalter erreicht habe, dann habe ich gut lachen, und das Alter ärgert sich maßlos. Vielleicht verschwindet es vor lauter Wut darüber wieder. Die Hoffnung stirbt zuletzt.

Hoch hinaus

Feiertag

Endlich ist mal wieder etwas los in unserer Stadt. Wir machen einen kleinen Ausflug und besuchen das Volksparkfest am Rande der Stadt. Musik, Buden, Zelte, Karussells und leckere Düfte versprechen ein paar schöne Stunden. Schon am Vormittag ist der Besucherandrang enorm, und wir werden von der Menschenmasse geschoben. Ich kralle mich bei meinem Mann fest, damit er mich nicht verliert. Sehen kann ich nicht viel, weil wir uns direkt in der Mitte des Stromes befinden. Doch ich kann ein Plakat lesen, das über unseren Köpfen hängt. Ein Jubelschrei entfährt mir und einige Köpfe drehen sich fragend nach mir um. Der Kopf meines Mannes ist auch dabei. Ich zeige mit dem Finger auf das Plakat und erkläre ihm, dass ich solch einen Rundflug, mit einem Hubschrauber, gerne machen möchte. Der Blick meines Mannes verrät mir, dass er mich für verrückt erklärt.

Es dauert eine Ewigkeit, bis wir am Start- und Landeplatz sind. Sieben Minuten Flug, siebzig Euro. Wahnsinn, aber ich hole mir ein Ticket. Mein Mann will die Erde nicht verlassen, aber ich. Ein Traum wird wahr.

Es ist ein kleiner roter Hubschrauber, und ich darf vorne links neben dem Piloten sitzen. Fast unmerklich heben wir ab. Nur ein paar Sekunden später fliege ich über meine Heimatstadt. Es ist wunderschön, und ich bin schwer beeindruckt. Ich vergesse für ein paar selige Minuten alle meine Probleme. Ich habe gerade Flügel und fliege, nur das zählt. Ich fliege dem widerwärtigen Alter davon. Ich fliege durch den blauen Himmel und bin der Unendlichkeit so nah. Unter mir ist alles so winzig, ein Miniaturwunderland.

Hinter mir sitzt ein Mann, der wahrscheinlich noch ein paar Jahre älter als ich ist, neben ihm sein Enkelkind. Der Junge ist etwa sieben Jahre alt und Opa erklärt ihm die Welt von oben. Der Pilot fliegt eine schwungvolle Schleife und grinst dabei. Ich würde vor Freude am liebsten jubeln, doch ich nehme mich zusammen. Sonst heißt es hinterher, je oller, je doller. Der Junge hinter dem Piloten findet das wohl weniger schön, denn er ist ganz ruhig und sein Gesicht ist kalkweiß. Dann passiert es, er muss erbrechen und das im hohen Bogen. In dem kleinen Hubschrauber ist nicht viel Platz, sodass der Pilot die ganze Ladung ins Genick bekommt. Jetzt grinst er nicht mehr. Sofort riecht es sehr streng im Hubschrauber. Dem Opa ist das peinlich, der Junge weint, und ich bin froh, dass mir das nicht passiert ist.

Wieder auf dem Boden angekommen, muss der Pilot mit aussteigen. Die Blicke der Zuschauer haften zunächst auf dem Piloten, und dann starren mich alle an. Ja, können die alle nicht kombinieren? Ich saß schließlich neben dem Piloten, nicht hinter ihm. Ich kann mich meines Mageninhaltes doch nicht um die Kurve entledigen. Auch wenn das Alter sich bei mir zeigt und bemerkbar macht, heißt es noch lange nicht, dass ich nicht flugtauglich bin. Ich fühle mich abgestempelt und bin froh, wieder in der Menschenmasse verschwinden zu können.

Punkt sechs kann ich somit abhaken, der Flug liegt bereits einige Minuten hinter mir.

Großmutters Rezepte

Donnerstagmorgen

Das Glücksgefühl, das mir der Hubschrauberflug beschieden hat, ist schon sehr nachhaltig. Ich bin richtig froh, dass ich mir den siebzig Euro teuren Spaß gegönnt habe. Doch auf Dauer dem Alter davonzufliegen, kann ich mir nicht leisten. Es kann doch nicht angehen, dass das Alter nicht nur unwillkommen, sondern auch noch teuer ist. Ungebeten schleicht es sich ein, verwüstet alles, und ich soll auch noch dafür bezahlen. Andererseits bezahlen die Reichen und Schönen ja auch und das nicht zu knapp. Schönheits-OPs aller Art, Liftings, Absaugen, Pillen mit Nebenwirkungen, Aufpolstern und

Botox hinter jeder Falte – denen ist nichts zu teuer, um das jugendliche Aussehen zu behalten.

Mit aller Macht jung aussehen und faltenfrei sein, ist nicht mein Wunsch. Ich finde das eher unrealistisch, der Natur so ins Handwerk zu fuschen. Erstarrte Gesichtszüge, verrutschte Implantate und unnatürliche Körperformen sind nicht gesund und nicht mein Ding. Und bezahlen kann ich es auch nicht. Ich wünsche mir nur, das Alter zu bremsen und die Falten etwas glatter zu bügeln, um den Rest meiner Schönheit zu erhalten. Das ist doch mehr als fair.

Was macht eigentlich der Durchschnittsverdiener? Der greift wahrscheinlich auf alte Hausmittel nach Großmutters Rezeptur zurück. Das ist es! Warum ist mir das nicht eher eingefallen?

Ich eile zum PC. Doch bevor ich nach alten Rezepturen suche, schaue ich bei Facebook vorbei. Nichts. Noch immer keine Freundin, und auch mein Brieffreund hat sich noch nicht gemeldet. Meine Seite sieht auch eher trostlos und wenig einladend aus. Ich nehme mir vor, das zu ändern. Dann google ich: Hausmittel gegen Altersfalten. Aha, ich bin angenehm überrascht. Na, wenn das alles hilft, dann brauche ich meine Ziele gar nicht mehr zu erreichen. Ich würde das üble Alter mit einem Streich zur Strecke bringen.

Als erstes brauche ich Antifaltengemüse. Anwendbar für innen und außen. Avocado heißt das Killergemüse. Vermischt mit Olivenöl soll es Wunder bewirken. Dann brauche ich noch Äpfel zur Gewebestraffung – durch Fruchtsäure. Die Vorfreude auf geglättete Falten und prallere Hautpartien ist grenzenlos und treibt meinen Gutelaunepegel explosionsartig in die Höhe.

Gegen die Altersflecken auf den Händen soll Zitrone helfen. Volles Programm. Ich gehe einkaufen.

Avocado, Äpfel und Zitrone

Donnerstagabend

Mit krimineller Energie vermische und mixe ich Avocados mit Olivenöl, für die äußerliche Anwendung. Eine schöne große Portion. Das wird dem Alter nicht gefallen, es wird sich vor Unbehagen winden und krümmen. Ich presse noch schnell eine Zitrone aus und massiere die Flüssigkeit auf meinen beiden Handrücken ein. Das kühlt schön. Dann ziehe ich mich bis auf den Slip aus und beginne, mich mit dem Avocado-Matsch einzuschmieren. Zuerst das Gesicht. Um die Augen herum benutze ich den Ringfinger. Im Internet wird es so angeraten, da der Ringfinger am wenigsten Druck ausübt.

Für den Rest kommen die Handflächen zum Einsatz. Ich arbeite mich abwärts, wobei ich besondere Achtung und große Sorgfalt auf meinen faltigen Hals lege. Arme, Dekolleté, Bauch, Oberschenkel und auch die Füße. Ich vergesse keine Problemzone. So fertig, und ab auf das Laken, das ich zum Schutz auf mein Bett gelegt habe.

Meinem Mann drohen, bei meinem Anblick die Augen aus dem Kopf zu fallen.

„Sehr, sehr sexy", bemerkt er grinsend. Dann bekommt er einen Lachanfall.

Ich ignoriere ihn, will jetzt entspannen und nicht diskutieren. Ach, was wäre es schön, diese Prozedur mit einer Busenfreundin durchzustehen. Den eigenen Mann kann man dabei vergessen. Sexy ... was weiß der denn schon! Was soll das überhaupt? Albern! Der wird sich wundern. Wenn erst meine Labberhaut gestrafft ist, werde ich mir schicke Dessous anziehen und ihn verführen. Mit allem Zick und Zack. Die Regie werde ich übernehmen. Meine Gedanken schweifen zügellos umher und als sie bei Handschellen und Lackaderstiefeln angekommen sind, beame ich mich in die Gegenwart zurück. Zeit zum Duschen, das Zeug muss wieder runter.

Unverzüglich begebe ich mich nach dem Duschen in die Küche und schnappe mir die Äpfel. Ich schneide ein Dutzend davon in Scheiben und verschwinde diesmal in mein Arbeitszimmer. Die Tür lehne ich hinter mir an. Sorgfältig platziere ich jede einzelne Apfelscheibe von Kopf bis Fuß auf meinem gesamten Köper. Das erweist sich als ziemlich schwierig denn, es ist wackelig, und einige Scheiben rutschen immer wieder ab. Dann ist es geschafft, an den wichtigsten Stellen sind Apfelscheiben. Die Gewebestraffung kann beginnen.

Ein befriedigendes Gefühl erfüllt mich, und ich überlege, ob ich gleich morgen oder sogar noch heute Abend meinen Mann verführen soll. Ich fühle mich bereits straff und stramm. Ich spreche noch ein paar Beschwörungsformeln, die an das Alter gerichtet sind, dann schlafe ich ein.

Nachts um 1.30 Uhr

Igitt, was für ein nasser kalter Matsch. Ich liege zwischen etwa einhundertzwanzig Apfelscheiben, die unter, neben, auf und wahrscheinlich auch schon einige in mir sind. Mir ist kalt, ich fühle mich nass und durchsäuert. Schlotternd ziehe ich meinen Bademantel über, mache die Schweinerei auf meinem Sofa weg und gehe ins Bett. Meine Füße sind zwei Eisklumpen. Na toll, und das mit dem Sex hat sich auch erledigt. Mein Mann schnarcht, und ich friere.

Zwischenergebnis

Freitag

Erwartungsvoll steige ich aus dem Bett und renne ins Bad. Die Spannung steigt und ist kaum auszuhalten. Mit Argusaugen und sehr intolerant betrachte ich mein Spiegelbild. Wie sehe ich aus, hat sich da etwas Entscheidendes getan? Sind die Falten nicht mehr so zahlreich oder weniger tief? Oder sind sie gar ganz weg?

Oh, sie sind noch da! Ich sehe eigentlich keinen großen Unterschied zu gestern. Oder doch? Da, ich glaube die eine Falte ist nicht mehr so heftig. Und die da ist nicht mehr ganz so furchig. Meine Altersflecken auf den Händen sind tatsächlich etwas blasser. Na, das ist doch schon was. Die Haut am Körper ist gut durchblutet und wirkt dadurch frisch. Das Gesamtbild sieht schon irgendwie besser aus als am Donnerstag. Auf jeden Fall sind keine neuen Runzeln dazugekommen. Doch meine Oberarme und mein Hals sehen immer noch aus wie vor vierundzwanzig Stunden. Eigentlich habe ich ein besseres Ergebnis erhofft, ein viel besseres. Ein wenig bin ich schon enttäuscht. Mensch, die ganze Prozedur hat sich gar nicht bezahlt gemacht. Und meinen Zielen hat mich das Ganze auch nicht näher gebracht. Lohnt sich so ein Aufwand, für so ein minimales Ergebnis überhaupt?

Nun ja, ich kann es ja noch einmal mit anderen Hausmittelchen probieren. Vielleicht ist etwas anderes viel effektiver. Milch mit Knoblauch soll sehr gut für die Schönheit sein. Und Weizen wird als Jungbrunnen angepriesen. So schnell gebe ich nicht auf! Das Alter braucht nicht meinen, ungerührt weitermachen zu können. Hörst du, Alter? Ich gebe nicht auf.

Freundin gesucht

Sonntag

Ich fühle mich unzufrieden, habe nicht die beste Laune und bin lustlos. Ein regelrechtes Unbehagen breitet sich in mir aus. Innerlich und äußerlich gleiche ich einer Topfpflanze, die vierzehn Tage kein Wasser bekommen hat.

Es ist Winter, und die Heizungsluft gibt mir den Rest. Die Augen brennen, und die Haut ist aschgrau. Sämtliches Leben scheint aus mir entweichen zu wollen. Wie sehr sehne ich mich nach einer Freundin, mit der ich meine Gedanken und Gefühle teilen kann. Mit der ich ungeniert über das Alter sprechen kann, die mit mir ins

Kino oder mal ins Café geht. Mit der ich soziale Kontakte pflegen kann, mit der ich shoppen gehen kann. Ich fühle mich ohne eine Freundin einsam. Ist das typisch für einen Menschen im vorgerückten Alter? Man liest so viel über die Einsamkeit im Alter. Aber so reich an Lebensjahren bin ich doch auch noch nicht. Als alter Mensch kann ich noch nicht abgestempelt werden. Nun gut, für die Jugendlichen bin ich alt. Doch die wissen es noch nicht besser. Sie werden erst viele Jahre später erkennen, dass ich ein nur etwas älterer Mensch bin, der gerade die Jugend abgelegt hat und nun in die reiferen Jahre gekommen ist. Reif klingt besser als alt. Aber jung klingt andererseits besser als unreif, so nebenbei bemerkt. Und ich bin ein reifer Mensch. Darauf bestehe ich. In jeder Beziehung bin ich ein reifer Mensch, denn ich lese jetzt viel. Ich studiere sozusagen noch einmal im reifen Alter, um Klugheit zu besitzen, wenn ich wirklich alt bin. Ganz steinalt und wenn all meine Schönheit verloren gegangen ist.

Ich bin nun schon eine große Portion klüger als vor ein paar Wochen oder als vor einem Jahr. Oder als gestern, weil ich ja täglich neue Artikel lese. Wenn ich jetzt in dieser Stunde lese, bin ich hinterher klüger als vor einer Stunde. Und so geht es immer weiter und weiter. Es ist ein gutes Gefühl. Im Moment ist es allerdings das einzig gute Gefühl.

Mein Mann liest nie ein Buch oder die Tageszeitung. Eines Tages wird er das sehr bereuen, denn dann kann er nicht mehr mit mir kommunizieren, weil ich viel schlauer bin als er. Er wird dann verstummen, weil er nichts mehr zu sagen weiß. Dann brauche ich dringend eine Freundin zum Reden, denn meine Sprachgewalt wird enorm groß sein.

Lesen hat auch noch andere Vorteile für mich, es beruhigt mein Gemüt und lenkt von trüben Stimmungen ab. Es führt mich in eine fremde Welt, in der ich versinke und dabei das böse Alter vergesse. Wenn auch nur für einige Stunden, aber immerhin. Das Alter ist dann zornig, denn es verträgt absolut nicht, wenn es verdrängt wird. Und darum ist es auch so enorm wichtig, dass ich meine Ziele erreiche. Denn dann ist das Alter zum Außenseiter degradiert, vom General zum Rekruten.

Ich schlurfe zum PC und hole mir Facebook auf den Bildschirm. Ich poste ein paar nette unverfängliche, eher solide Bilder von mir. Dann formuliere ich noch meinen großen Wunsch:

Ich suche eine nette Freundin für gemeinsame Aktivitäten. Wer möchte gerne meine Freundin sein?

Es klingt wie ein verzweifelter Hilferuf. Nun, es ist auch einer.

Ich habe so einige langjährige Bekannte, die fast alle in meinem Alter sind. Ich habe sie alle sehr lieb, und eine liegt mir ganz besonders am Herzen. Mit ihr kann ich reden, laufen, Ausflüge machen und ins Museum gehen – doch sie ist fast zwanzig Jahre jünger als ich. Sie hat noch keine Falten und kein Problem mit dem üblen

Alter. Somit kann sie leider nicht meine Busenfreundin werden. Schade, denn sie wäre ideal.

Viele Freundinnen sind gut, sehr unterhaltsam und unentbehrlich, doch eine eigene Busenfreundin wäre sehr viel mehr als unentbehrlich. Sie wäre erstklassig.

Oh, was ist das? Oben rechts bei Facebook ist ein rotes Zeichen erschienen. Ich habe eine persönliche Nachricht (PN). Erwartungsvoll öffne ich die PN. Ich staune nicht schlecht: diese persönliche Nachricht ist von meiner Cousine. Doch was sie mir schreibt, ist weniger erfreulich. Meine Tante ist gestorben. Traurige Nachrichten über Facebook, so hatte ich das nicht gedacht. Trotzdem freue ich mich, von meiner Cousine zu hören. Sie wohnt weit weg, und wir haben uns schon sehr lange nicht gesehen und gesprochen.

Noch während ich versuche, die Nachricht zu verdauen, bekomme ich eine neue PN. Aha, sicherlich hat sie noch etwas vergessen zu schreiben. Ich öffne die Nachricht und bekomme sogleich große Augen. Alles in und an mir fängt auf einen Schlag an zu zittern. Vorsichtig fange ich langsam, ganz langsam zu lesen an. Jedes Wort will ich aufnehmen, nichts soll mir entgehen. Als ich alles gelesen habe, kommt Freude in mir auf. Mein alter Brieffreund Bernard hat mir endlich geantwortet. Er stellt Fragen, um sicher zu gehen, dass ich wirklich seine alte Briefreundin bin. Ich schreibe sofort zurück. Gebannt starre ich auf den Bildschirm und warte. Da kommt sie, die nächste PN.

Er schreibt: „Ich bin der Bernard, das ist ja verrückt."
Mein Gott, wie freue ich mich. Ich tanze in meinem Zimmer umher. Freudentränen stehen in meinen Augen, und ich bin schrecklich aufgeregt.

Bis in den späten Abend hinein schreiben wir uns. Ausführliche Vitas gehen hin und her, und wir sind genauso neugierig aufeinander wie vor mehreren Jahrzehnten. Ich bin so glücklich.

Mit Facebook Freunde finden oder wiederfinden – es scheint zu funktionieren.

Und was das Beste ist: In all den Stunden und den ganzen restlichen Tag denke ich nicht einmal an meinen Untermieter, das unsympathische Alter. Sollte es denn möglich sein, mit Facebook sogar das Alter zu vergessen?

Sport

Dienstag

Ich habe beschlossen, **Punkt neun** zu erweitern. Spazierengehen ist gut, gezielte sportliche Ausweitung ist besser. Um eine regelmäßige Bewegung beizubehalten und auch noch die Fettverbrennung in Gang zu setzten, muss ich mehr leisten. Mein Cholesterinspiegel wird es danken. Ich werde andere Dimensionen einbauen. Ich will Spaß haben und Erfolg sehen. Darum erweitere ich mit Gymnastik, etwas Kraftsport und Ausdauertraining – wobei ich letzteres natürlich nicht mit profihaftem Marathon vergleiche.

Zwei neue Heimtrainer stehen bereit, und eine blaue Gymnastikmatte wartet auf ihren ersten Einsatz. Ich habe mir ein Fahrrad und einen Stepper geleistet, die nun für mehr Vielseitigkeit und Abwechslung sorgen sollen. Denn ich kenne mich – kommt erst Langeweile auf, mache ich nicht weiter. Für den Rest des Monats habe ich zwar kein Geld mehr, aber dafür mehr Belustigung bei meinem Muskelaufbausport. Ich meine auch, dass die Muskulatur an den Oberarmen bereits zugenommen hat. Allerdings ist die Haut dort immer noch labberig. Aber das wird schon. Meine Pobacken sind dagegen schon beachtlich strammer geworden. Es sind zwei richtige Prachtbacken, wenn auch nicht mehr so rund wie noch vor ein paar Jahren.

Den heutigen Tag habe ich dem Sport verschrieben. Ich beginne mit dem Aufwärmen. Zu diesem Zweck habe ich die Gymnastikmatte auf dem Wohnzimmerparkett platziert. So athletisch wie möglich laufe ich einige Minuten auf der Stelle. Damit das Ganze nicht langweilig wird, baue ich ein paar weniger elegante, aber effektvolle Hüpfer ein. Nach einer Weile ist mir das zu monoton, darum schalte ich den Fernseher dazu an. Sport und Bildung gleichzeitig – zumindest bei den Nachrichten, das andere Programm zählt zur Allgemeinbildung – finde ich optimal. Zwei auf einen Streich nenne ich das und bin zufrieden.

Nachdem meine Muskeln warm genug sind, lege ich mich auf die Gymnastikmatte. Sie ist zu kurz, viel zu kurz und zu hart. Knüppelhart ist das Ding, da schmerzen mir gleich die Knochen. Da habe ich wohl am verkehrten Ende gespart. Es hat keinen Sinn, darauf herumzuturnen, sonst bin ich morgen grün und blau.

Ich mache mit dem Fahrrad weiter. Aufgesessen und los. Schwierigkeitsgrad drei stufe ich als leicht bergauf ein. Ich strampele, was das Zeug hält, bis die Oberschenkel schmerzen. Beim Absteigen zittern die Knie, meine Beine sind weich wie Pudding, und ich sacke zusammen. Mit aufeinander gebissenen Zähnen steige ich auf den Stepper.

„So, du hinterhältiges Alter, es geht dir an den Kragen." Nach fünfzig Steppern gebe ich auf. Meine untere Körperhälfte ist völlig erledigt. Ich spüre sie nicht mehr.

Aber ich bin noch nicht am Ende, weder mit meiner Kraft noch mit meinem Programm. In meinem Arbeitszimmer – hier läuft der Fernseher von morgens bis abends – stemme ich zu „Giraffe, Erdmännchen & Co" die Hanteln.

Zum Abschluss kommt noch ein Theraband zum Einsatz. Ich strecke und dehne mich damit und bin mir sicher, dass mir morgen vor lauter Muskelbergen kein T-Shirt mehr passt. Mit dieser Aussicht macht es doppelt so viel Spaß.

Punkt neun habe ich somit fest im Griff, jetzt und für die Zukunft. Dieses Ziel ist erreicht. Mit meinem frisch angespitzten Bleistift mache ich freudig ein Häkchen auf meine Liste. Schmunzelnd schreibe ich eine kleine Anmerkung dazu: Das Alter in seine Schranken gewiesen.

Ehrenamt

Donnerstag

Die Pflicht ruft. Es ist eigentlich eine ganz freiwillige Mission und dazu noch auf meinem eigenen Mist gewachsen. Pflichtbewusst – ich sage lieber gewissenhaft – erfülle ich einmal im Monat an einem Vormittag diese Pflicht, äh Aufgabe. Pflicht ist aber auch ein schönes Wort, so wertvoll und edel.

Es ist noch früh am Morgen, ich stehe vor dem Spiegel und versuche meine Falten wegzuschminken. Das geht nicht mehr so einfach mal eben wie noch in naher Vergangenheit. Ich muss die Gesichtshaut ziehen und dehnen, damit alles gleichmäßig verteilt wird. Ich trage etwas Rouge auf, das erfrischt. Die Augenbrauen ziehe ich nach, das ist notwendig, um den Blick nach oben zu lenken. Weg von den Falten um den Mund herum. Wimperntusche geht nur mit ganz viel Fingerspitzengefühl, da ich ohne Brille nicht viel sehe. Lasse ich heute lieber weg. Lippenstift bringt Farbe und wertet den Gesamteindruck auf. Puder geht gar nicht mehr. Das sammelt sich spätestens zwei Stunden später in den Falten seitlich vom Mund. Herrje, ausgerechnet von dem teuren Puder habe ich noch zwei volle Dosen.

Mein Blick ist kritisch, doch er sagt mir, dass ich gut aussehe und die Falten zu fünfzig Prozent verdeckt sind. Ich bin mit einem inneren Gleichgewicht gesegnet, was sowieso selten genug ist, und ziehe mir was Flottes an. Dann mache ich mich auf den Weg zum Seniorenheim. Dort warten wirklich alte Menschen auf mich und meinen rollenden Bücherwagen, den ich *Bücherwurm* getauft habe. Die Senioren lieben diese Stunden, die sie nach Herzenslust mit Gesprächen ausfüllen können. Die Bücher interessieren die wenigsten, dabei zu sein, ist alles. Wenn ich dann noch eine Geschichte vorlese, ist dies die Krönung des Vormittags.

Ich bin immer sehr gerne dort. Einige sind nicht viel älter als ich, ich gehöre schon fast dazu und könnte mich auch *Seniorin* nennen. Aber da will ich nichts von wissen. Die meisten sind jedoch wesentlich älter, also wirklich alt, und eine Handvoll ist bereits in einem biblischen Alter. Da taucht bei mir die Frage auf, ob das gerade im Moment das Richtige für mich ist. Ausgerechnet jetzt, wenn ich das Alter bekämpfe. Dort wird mich aus jedem Gesicht frech und unverschämt das Alter angrinsen. Es zeigt mir bei jedem einzelnen, mit welcher Härte es zuschlagen kann. Sehr runzelig oder knitterig, oder mit hängenden Tränensäcken, mit grauen Haaren oder mit Gichtknoten an den Fingern. Es schaut mich aus Rollstühlen und Rollatoren an, mit Gehhilfen, schlürfenden Schritten, und manch einer ist an Demenz erkrankt und wird mir mehrmals das Gleiche erzählen oder fragen.

Doch eins ist bei allen gleich: die Freude auf die nächsten zwei Stunden und das Glück, eine Abwechslung zu erleben. Das zählt und nicht mein eigenes Alter. Wie kann ich nur so egoistisch denken. Außerdem sollen sich soziale Arrangements positiv auf die Psyche auswirken, insbesondere auf meine. Etwas Gutes und Sinnvolles tun, macht glücklich. Und wenn ich glücklich bin, ist mein ungeliebtes Alter mit Sicherheit traurig.

Wir sitzen bereits in einer gemütlichen Runde, als noch jemand kommt. Es ist eine Dame und sie fragt höflich, ob sie sich dazusetzten dürfe. Freundlich rücke ich ihr einen Stuhl zurecht. Sogleich beginnt sie, zu erzählen, und ich bin von ihren Worten total gebannt. Die Geschichten aus ihrer Kindheit und der Jugendzeit schildert sie so lebendig, dass alles wie ein Film an mir vorüberläuft. Ich erlebe die Not in den Kriegsjahren förmlich mit und ich leide mit ihr, als ihr Mann mit nur noch einem Bein heimkehrt. Ich fühle den Hunger und die großen Entbehrungen, die sie erlitt, als es ein Jahr lang nur Kartoffeln zu essen gab. Ich zittere mit, als sie in ein Versteck auf dem Dachboden flüchten musste, als die Russen kamen. Und dann das Beste – es löst bei mir Faszination pur aus, sie verrät mir ihr Alter.

„Ich bin einhundertundeins Jahre alt", sagt sie nicht ohne Stolz. Und ich habe nichts Besseres zu fragen, als: „Und wo sind ihre Falten?" Sie hat nämlich kaum Falten, sie kam scheinbar mühelos aufrecht gehend herein und trägt keine Brille, sie ist schlank und beweglich. Kurz, sie imponiert mir.

Sie lächelt, als sie antwortet: „Ich habe immer viele Kartoffeln gegessen und gebetet. Jeden Tag. Ich habe immer an Gott, unseren Herrn, geglaubt und ihm vertraut. Ich brauche nur Kartoffeln und das Gebet."

Ich habe ja mit vielen Antworten gerechnet, aber nicht damit.

Als ich nach Hause fahre, beschließe ich, öfter Kartoffeln zu essen. Und als ich aus dem Auto steige, nehme ich mir auch noch vor, öfter zu beten. Denn das ist aller Wahrscheinlichkeit nach mit Erfolg gekrönt. Ich habe es heute selbst erlebt und mit eigenen Augen gesehen.

Besinnung

Sonntag

Ich bin sehr nachdenklich. Mein Wettstreit mit dem Alter und nicht zuletzt mein Besuch im Seniorenheim haben mich so besinnlich gemacht. Jetzt liege ich mit einem dicken Kartoffelbauch und einer Gesichtsmaske aus dem Gel meiner Aloe Vera-Pflanze auf dem Sofa. Das grüne schleimige Zeug ist glücklicher Weise geruchslos. Schon in der Antike war bekannt, dass diese schlüpfrige Masse ein wahres Wundermittel ist und bei so manchen Hautproblemen hilft. Gut, dass man heute weiß, dass mehr als zweihundert verschiedene und wertvolle Wirkstoffe darin stecken. Und vor allem, dass man darüber spricht und die gelige Masse in der Kosmetik einsetzt, denn sonst wäre ich nie auf die Idee gekommen, mich damit einzubalsamieren. So warte ich nun, dass die Vitamin B-Gruppe meinen Hautstoffwechsel anregt und den Zellstoffwechsel um das Fünffache steigert. Ein hoffnungsvolles Gefühl.

Mir geht da etwas nicht aus dem Kopf, ich kann es nicht verdrängen und schon gar nicht vergessen. Daher glaube ich, dass es wichtig, zumindest ernst zu nehmen und sogar von großer Bedeutung ist, darüber nachzudenken. Es geht um die sozialen Kontakte, die das Leben versüßen und wertvoll machen. Ohne soziale Verbindungen vereinsamt der Mensch, denn er ist nicht zum Einzelgänger geboren. Es ist unmöglich, sich von Anfang an allein durchzuschlagen. Wir werden im Schoße der Familie groß, später haben wir Freunde, dann eine eigene Familie und vielleicht neue Freunde. Wir befinden uns immer in Gesellschaft und in Kontakten zu anderen Menschen. Bei der Arbeit, in der Freizeit und in der Familie.

Doch dann kommt das Alter und gönnt uns diese Freuden und Kontakte nicht mehr. Wir sind plötzlich allein. Dazu darf es nicht kommen, ich will das nicht. Soziale Kontakte halten vital. Geist und Seele bleiben frisch und rege. Ich erinnere mich vage an frühere Aktivitäten und Freundschaften, als ich mich noch im Netzwerk von etlichen Beziehungen befand. O Gott im Himmel, das war schön. Da kam nie Langeweile auf und keine Lust auf trübe Stimmungen.

Alle körperlichen Veränderungen und auch mein neues altes Gesicht sollen mich in Zukunft nicht davon abhalten, an gesellschaftlichen Aktivitäten teilzunehmen. Ich glaube, dann lebt man auch länger. Wahrscheinlich weil man zufriedener ist oder einen Grund hat, nämlich noch ganz viel zu erleben. Nur nicht aufgeben, an jeder Ecke wartet ein Abenteuer – egal in welcher Art und Weise. Auch wenn es noch so nebensächlich und unattraktiv ist, so klein und unscheinbar wirkt, es will erlebt werden. Auch die kleinen Freuden oder auch gerade nur sie, sind die wahren Freuden des Lebens. Und bekanntlich führen alle Wege nach Rom, und daher bin ich mir sicher, dass es meinem Alter nicht gefallen wird, wenn ich trotz der Falten und Runzeln Freude am Leben haben werde. Vielleicht ist das Alter dann zu einer Kooperation bereit, und es lässt mich erst einmal in Ruhe. Ich wäre schon damit einverstanden, wenn es weniger heftig bei mir zuschlägt. Schließlich hat es doch Zeit, ich laufe doch nicht davon oder sterbe in der nächsten Woche. Dazu bin ich nun wirklich noch nicht alt genug. Es wäre auch nicht schlecht und vielleicht sogar von großem Nutzen, wenn ich toleranter wäre. Ja, ich bin sehr kleinlich, ich akzeptiere keine Altersspuren. Ich bin bereit, dem Alter entgegen zu kommen, aber mehr auch nicht! Denn ich bin noch zu jung, um wie eine verhutzelte, welke Greisin auszusehen.

Aber ich bin mir sehr sicher, dass gute neue soziale Verbindungen mir im Kampf gegen das Alter helfen. Ich werde es mir als vierzehntes Ziel setzen und gleich unter **Punkt vierzehn** aufschreiben. Nun muss ich nur noch meinen Mann davon überzeugen, mitzumachen, denn er hat es genauso nötig. Aber etwas ist gerade im Moment genauso nötig – ich muss dringend die Aloe Vera-Maske abwaschen.

Am Abend schaue ich nochmal bei Facebook rein. Bernard hat mir wieder geschrieben. Was für ein Highlight am Abend. Ich fühle mich glänzend, meine Gesichtshaut ist weich und rosig, und so schlage ich ihm voller Elan und Idealismus vor, unsere alte Brieffreundschaft wieder aufleben zu lassen. Sozusagen eine Fortsetzung der alten Brieffreundschaft per Email oder auf Facebook oder mit dem guten alten Briefpapier. Ich bin gespannt auf seine Antwort und stelle es mir herrlich vor, wieder auf Briefe warten zu können. Meine Freude darauf ist unermesslich. Doch was ich zu diesem Zeitpunkt noch nicht weiß: er wird mir nie darauf antworten. Ich werde lange vergeblich warten, denn ich bin in dieser Sekunde wahrscheinlich zu forsch gewesen und habe ihn schockiert.

Eine unerwartete Begegnung

Donnerstag

Wie immer bin ich noch vor dem ersten Hahnenschrei wach. Es funktioniert einfach nicht mit dem Schönheitsschlaf. Ich bin und bleibe ein Frühaufsteher. Mein Ziel, lange zu schlafen, um das Alter auszutricksen, werde ich wohl nicht erreichen. Außerdem will ich ja eigentlich auch nicht lange schlafen, denn die mir noch zur Verfügung stehende Zeit ist zu wertvoll. Ich möchte sie lieber sinnvoll nutzen und vor allem nichts verpassen. Ich muss nur den Verlust und die entstandene Lücke anderweitig ersetzen, füllen und ausbügeln. Und zwar durch gleichwertigen Ersatz und dann mit doppelter Gewichtigkeit, damit keine Einbußen entstehen. Ich weiß auch schon wie.

Während andere schönheitsbesessene Menschen ihren Schönheitsschlaf halten, werde ich noch gründlicher die Zeitung, die Bibel und wichtige Zeitschriften studieren und für meine Klugheit lesen und nochmals lesen. Ein guter Ersatz, ich werde es gleich auf meiner Liste ändern. Statt schlafen ist studieren angesagt!

Ich starte mein kleines rotes Auto und fahre zum Seniorenheim. Eine Frau hat sich angekündigt, die sich gerne mit mir unterhalten möchte. Sie interessiert sich für meine Erfahrungen mit älteren betreuungsbedürftigen

Menschen und auch dafür, wie ich mit demenzkranken Menschen umgehe. Das ist nichts Ungewöhnliches für mich, ich habe des öfteren solche Termine. Ohne die geringste Ahnung, wer diese Frau ist, erwarte ich sie kurze Zeit später im Café.

Pünktlich auf die Minute nähert sich auffällig langsam und an Gehhilfen gestützt eine Frau. Ich erkenne, dass sie einseitig gelähmt ist und dass das Laufen ihr einige Anstrengungen abverlangt. Die Tür zum Café steht offen, und sie kommt auf meinen Tisch zu. Ich stehe auf, um sie zu begrüßen. Wir stellen uns vor und nehmen dann gemeinsam Platz. Die Frau wirkt auf den ersten Eindruck sehr nett. Ich fordere sie freundlich auf, mir zu erzählen, was ihr auf der Seele brennt. Sofort eröffnet sie die nun folgende zweistündige Unterhaltung.

Da sie viel erzählt und ich die meiste Zeit als Zuhörerin fungiere, nutze ich die Gelegenheit, sie gründlich zu betrachten. Innerlich bin ich gerade ohne jegliche Moral und Taktgefühl. Mit einem schamlos-prüfenden Blick, aber einem netten Lächeln auf den Lippen schätze ich ihr Alter. Sie wird in meinem Alter sein. Gut. Ich lächele weiter und schaue sie dabei freundlich an. Mein Blick ist nun sehr gebündelt und zielgerichtet. Er zählt jetzt die Falten in ihrem Gesicht. Eine ganze Menge. Das freut mich. Dann geht mein Blick tiefer, er ist nun streng auf ihren Hals gerichtet und führt eine intensive Faltenkontrolle durch. Ich kann keine Falten finden, nur etwas spannungslose Haut. Das ist besser als nichts. Dann geht es weiter zum Dekolleté. Zu meiner Befriedigung finde ich einige Knitterfalten. Ich scanne zu den Händen hinab. O Schreck, keine Altersflecken! Ist das gerecht? Warum hat sie nicht jeder und warum habe ich sie? Aber alles in allem bin ich mit dem Ergebnis zufrieden. Sehr zufrieden sogar, denn in ihr wohnt auch das Alter.

Außerdem ist sie freundlich und sehr sympathisch, ich kann mich gut mit ihr unterhalten.

Bevor wir uns verabschieden, tauschen wir unsere Telefonnummern aus. Auf der Heimfahrt denke ich an sie. Ob sie wohl meine Freundin wird?

Kulturfest

Samstag

Der Winter neigt sich dem Ende zu. Es wird bereits früher hell, die Tage sind länger, und die Sonnenstrahlen schmeicheln schon mit wohliger Wärme. Ich kann es fühlen und kaum abwarten. Endlich, ich bin den Winter so leid. Heizungsluft ade, Schluss mit der lästigen Augenjuckerei. Schließlich kann ich dann auch endlich mit meinem eigenen Buch beginnen, obwohl ich noch nicht die geringste Ahnung habe, über was ich schreiben soll. Alles, was mir schreibenswert erscheint, was mir Spaß machen würde, gibt es schon. Ich brauche eine revolutionäre zündende Idee für ein tolles Thema. Die kommt bestimmt im Frühling.

Doch jetzt geht es erst einmal zum Winteraustreiben. *Malenzia* (Butterwoche), eine alte russische Tradition, die uns vom Deutsch-Russischen Kulturzentrum (Raduga-Regenbogen) geboten wird. Mit Tänzen, Gesang, Spielen und russischen Spezialitäten zum Probieren. Durch die Verbrennung des Winters, dargestellt durch eine Puppe, soll der Winter endgültig vertrieben werden. Das soll funktionieren. Angeblich.

Meine Neugier ist geweckt und mein Appetit auch. Ebenso die freudige Erwartung auf viele interessante Gespräche, vor allem mit Frauen in meinem Alter. Alle Bürger der Stadt sind herzlich eingeladen. Es werden also auch viele Menschen in meinem Alter kommen, da bin ich mir ganz sicher. Denn wer sonst legt noch Wert auf alte Traditionen. Die Jugend bestimmt nicht. Traditionen sind bei ihnen zum Aussterben verdonnert. Wenig später dann habe ich eine völlig andere Erkenntnis, die bei mir regelrechte Bestürzung hervorruft. Mein Mann und ich sind allein unter Russen! Unter jungen russischen Familien. Einzig und allein der Pfarrer ist ein Deutscher. Und das Resultat: wir verstehen kein Wort. Nach den Darbietungen applaudiere ich aus reinem Anstand.

Pause. Jetzt eine Tasse Kaffee. Ich reihe mich in die Warteschlange. Geduld ist angesagt. Schließlich habe ich die Schlange abgestanden und bestelle den Kaffee. Es gibt keinen. Tee können wir haben. Nun gut, dann eben Tee. Mein Mann hat sich Kuchen geholt, und ich lasse mir einen Teller mit verschiedenen Salaten zusammenstellen. Der Kuchen ist trocken, die Salate sind ausgezeichnet.

Am Nebentisch sehe ich einen weiteren Deutschen. Oh, es ist der Bürgermeister. Na, der darf ja auch nicht fehlen. Er hat gleich drei Teller vor sich, ein vierter wird gerade gebracht. Das ist doch nicht die Möglichkeit, er braucht nicht zu bezahlen. Ich versuche, ein Gespräch mit ihm in Gang zu bringen. Vergeblich, er kaut und kaut und reagiert auf nichts. War wohl ein falscher Zeitpunkt. Ich lasse ihn lieber in Ruhe.

Wir gehen mit dem Tee vor die Kirche. Dort haben sich einige kleine Gesprächsgruppen gebildet. Völlig vertieft in die Gespräche und abgeschirmt vom übrigen, ist niemand bereit, eine Lücke zu machen. Man kommt nicht dazwischen. Keiner ist bereit, ein deutsches Wort mit uns zu sprechen.

Dennoch bleiben wir bis zum Schluss. So kann der Pfarrer später sagen, dass auch deutsche Mitbürger dabei waren. Und schließlich und letztendlich will ich ja den Winter brennen sehen. Ein bisschen Spaß muss sein.

Literaturcafé

Dienstag

Das Gehirn darf nicht zur Ruhe kommen, ständig muss es angetrieben werden. Der Geist muss gefordert werden, damit er frisch und rege bleibt. Ständig greife ich, wie ein Ertrinkender, zu jedem Strohhalm, der sich mir bietet. Ich tue alles, damit meine Gehirnzellen nicht einrosten. Schlafen können sie zur gegebenen Zeit noch lange genug. Jetzt wird gearbeitet und das Alter verärgert.

Literatur ist gut und ein Literaturcafé vielleicht sogar noch besser. Angriff mit geballter Kraft, nenne ich das. Ich ergreife den Strohhalm sofort, als ich von einer Bekannten zum Literaturcafé eingeladen werde. Bei diesen Zusammenkünften ist jedem selbst überlassen, ob er etwas vortragen oder erzählen möchte. Belletristik, Biografien, Poesie oder auch selbst Geschriebenes – alles ist willkommen und möglich und wird anschließend besprochen. Ich gehe ganz gerne dort hin, doch meistens nur als Zuhörer.

Am Anfang glaubte ich, dort eine Busenfreundin zu finden. Doch die allesamt geistig regen Köpfe, haben nur ihre Literatur zum Wegbegleiter. Für nichts anderes ist bei ihnen Platz.

Heute bin ich an der Reihe, etwas vorzutragen. Ich habe lange nachgedacht, mir den Kopf zerbrochen, was ich vorlesen soll. Je mehr ich grüble, umso weniger fällt mir ein. Jetzt drängt die Zeit, und mir gefällt immer noch nichts. Gerade, als ich denke, den Nachmittag zu schwänzen, kommt mir die rettende Idee. Ich greife nach meinem spitzen Bleistift und führe ihn über das Papier. Heraus kommt eine kleine Geschichte über meine kleinen und großen Runzeln und Falten. Welche Erlebnisse und Schicksalsschläge dazu geführt haben, um so zu werden, wie sie jetzt sind. Die Geschichte gefällt mir. Sie ist humorvoll und stimmt dennoch ein wenig nachdenklich. Ich bin mir sicher, dass viele sich darin wiederfinden werden, auch die etwas Jüngeren in unserem Literaturkreis. Lachfalten haben fast alle, auch Jüngere. Ich bin mächtig stolz auf mich.

Während der Fahrt packt mich das Lampenfieber. Soll ich kneifen und umkehren? Ich weiß, dass ich mich später ärgern würde und deshalb sicherlich eine Falte mehr hätte. Das will ich auf keinen Fall. Ich wäre ja blöd, wenn ich dem Alter noch das Fressen vor die Füße werfen würde.

So bekämpfe ich auf den letzten Metern das Lampenfieber, jage es kurzerhand zum Teufel. *Das hier wird eine hervorragende Abwechslung für deine Gehirnzellen, also konzentriere dich auf die bevorstehende Aktivität. Das Alter hasst aktive und kreative Menschen, es hasst den Spaß, den du gleich haben wirst.* Na bitte, es geht doch.

Zwanzig Minuten später bekomme ich das Startzeichen zum Vorlesen. Ohne mit der Wimper zu zucken, lese ich mit viel Gefühl vor. Ich versinke selbst in meine Geschichte. Ab und zu nehme ich ein zaghaftes Lachen wahr, höre einige schwere Seufzer, dann höre ich den Beifall. Es geht mir schlagartig sowas von gut, eine Steigerung gibt es nicht mehr. Ich stehe im Mittelpunkt, und das gefällt mir am besten. Mensch, das tut gut. Ich fühle mich wie ein gefeierter Star im Rampenlicht. Ich fühle mich wie eine Autorin, eine richtige Autorin.

Den restlichen Nachmittag sprechen wir über Falten, Runzeln und Furchen, über schlaffe, verhutzelte Haut und deren verschiedenartige Ursachen. Alle wünschen sich für das nächste Treffen eine weitere Geschichte von mir. Eine Geschichte, die das Alter schreibt – also die ich über das Alter schreibe, über mein Alter. Ganz speziell.

Mit Vergnügen, denke ich, *ich werde kein gutes Haar an ihm lassen. Alle sollen das Alter hassen. Je mehr, desto besser.*

Ohrläppchen-Blues

Freitag

So langsam wache ich wie gerädert auf. Nur mit ganz viel Mühe öffne ich die Augen halb. Ich zwinge mich, wach zu bleiben. Mein Gott, was ist los? Hängt das nun auch wieder mit dem Alter zusammen? Mühsam rapple ich mich auf und setzte mich auf die Bettkante. Da fällt es mir ein – der Traum.

Ich hatte einen Albtraum, einen von der allerschlimmsten Art. Das Alter wollte mich verschlingen. Mit Haut und Haar, an einem Stück. Ich bin um mein Leben gerannt, vor dem sabbernden, blutrünstigen, zähnefletschenden Alter. Kein Wunder, dass die Knochen schmerzen und ich todmüde bin. Kein Wunder, nach der Rennerei.

Ich trotte in die Küche und zünde mir eine Zigarette an. Während ich den ersten Zug genüsslich inhaliere, wird mir schlagartig klar, dass meine Haut sich rächen wird. Gelb, pergamentartig und noch empfindlicher, als sie jetzt schon ist, wird sie werden. Sie wird brechen, knittern, reißen und platzen, wenn ich so weitermache. Ich werde möglicherweise nur noch Hautfetzen am Körper haben. Wahrscheinlich ist es schon bald so weit. Ich eile zum Spiegel.

Die langen Haare klemme ich hinter die Ohren. Dann sehe ich es. Ich sehe es so deutlich, dass es auch ohne

Brille ginge. Es sieht furchtbar aus. Es sieht alt aus. Sie sehen um Jahre älter aus, als sie eigentlich sind. Meine Ohrläppchen. Heiliges Glöckle, was ist das denn? Ich sehe zwei schrumpelige, welke Hängeohrläppchen. Das sind Falten und Runzeln, von denen ich nie geahnt hätte, dass es sie gibt. Fassungslos starre ich mich an, und langsam frage ich mich, ob das Alter eine Strafe ist. Muss ich nun für alle meine kleinen oder auch größeren Verfehlungen büßen? Es gibt schon so einiges, was ich im Leben besser hätte lassen sollen. Ups, da kommt schon manches zusammen. Mein Lebensstil war nicht immer makellos. Gerne habe ich mal über die Stränge geschlagen, und es hat auch noch Spaß gemacht. Feiern, zu wenig Schlaf, Alkohol und Zigaretten haben ihre Spuren hinterlassen. Lügen, Egoismus, Mitleidslosigkeit und Mangel an Hilfsbereitschaft war ab und zu auch mal dabei. Zu spät kam die Einsicht auf ein solideres Leben. Die Summe aller Verfehlungen ergibt nun zerknitterte Ohrläppchen. Ja, das Alter ist definitiv eine Strafe. Ich habe keine Zweifel mehr.

Ohrläppchen, schön wär's. Ich habe nun so ein Zwischending aus einem Kehllappen von einem Hahn und einem geschrumpften Luftballon. Für Ohrstecker oder ähnlichen Schmuck absolut ungeeignet. Warum ich?

Und täglich grüßt das Alter

Freitagabend

Ich bin zornig, gereizt und erbost. Von Tag zu Tag ergreift das gierige Alter mehr Besitz von mir. Ich kann förmlich zusehen, wie es mich zerstört. Doch je grimmiger ich darüber bin, umso mehr freut es sich, die nächste Runzel zu graben. Mit dem größten Vergnügen und höchster Sorgfalt zieht das Alter für mich die Sorgenfalten. Schön sichtbar, damit auch jeder gut sehen kann, dass ich Sorgen habe. Es verhutzelt mich, damit alle sehen können, dass ich schon etwas älter bin. Es macht ihm Spaß. Aber mir nicht.

Das mit weniger Falten bestückte Gesicht – in der Zeit, als die Haut noch genügend Spannkraft besaß, noch frisch und knackig aussah und sich auch so anfühlte – stand mir eindeutig besser. Das ein oder andere Fältchen bin ich bereit zu dulden. Ja, würde ich sogar hundertprozentig akzeptieren, sogar respektieren, weil es ja sozusagen schicksalsabhängige Fältchen wären. Ein bisschen Schicksal hat jeder. Doch was zu viel ist, ist zu viel. Nichts ist mehr wie früher. Am liebsten würde ich jetzt heulen. Ich kann nicht loslassen.

Ich brauche jetzt dringend jemanden zum Reden. Eine Frau. Ich rufe meine Freundin an, bei der das Alter noch nicht eingezogen ist. Sie ist zwar viel jünger, aber schon sehr weise. Und sie kann zuhören. Ich meine so richtig gut zuhören, besser als ich.

So nutze ich ihre gute Eigenschaft, um mich umfassend und ausführlich bei ihr auszuheulen. Ihre Anteilnahme ist umwerfend, und ich beute die Gelegenheit so richtig fett aus.

Sie stellt mir einige Fragen, die ich mit Entzücken beantworte. Und dann gibt sie mir einen erstaunlichen Rat: „Schreibe doch mal alles auf. Mach eine oder mehrere Geschichten daraus. Erzähle einfach von deinem Kampf mit dem Alter, schreibe deine Gefühle und Ängste auf, und vergiss nicht, deine unbändige Wut zu erwähnen. Du wirst sehen, das hilft. Das hilft dir ganz bestimmt."

He? Wieso bin ich nicht darauf gekommen? Sensationell. Das Gespräch und die Idee.

Ich setze mich an den Schreibtisch, nehme meinen angespitzten Bleistift, ein blanco Schreibheft und beginne sofort zu schreiben. Sofort, nicht morgen oder später. *Jetzt!* Meine Stimmung ist perfekt und die Worte fließen erstklassig auf das Papier. Fast wie von allein. Bald habe ich dreißig Seiten fertig und den Bleistift mehrmals nachgespitzt. Wer hätte das gedacht.

Stolz breitet sich in mir aus. Ein tolles Gefühl, das dem Alter nicht gefallen wird. Es wird tatenlos mit ansehen müssen, wie sich mein Glücksgefühl auf die fortschreitende Vergreisung positiv auswirkt. Diesmal lache ich mir eins ins Fäustchen.

Putzwahn und Vorfreude

Samstagvormittag

Ich fühle mich ausnahmsweise – oder besser merkwürdigerweise – gut. Meine Gemütslage hat sich bekehren lassen und sich deutlich aufgeheitert. Vergnügt, weil ich so vergnügt bin – nicht zuletzt, weil keine neue Falte dazu gekommen ist –, nehme ich den Telefonhörer ab, als es klingelt. Schlagartig wird mein Gemüt noch sonniger, als ich die Stimme der Frau höre, mit der ich im Seniorenheim das Gespräch geführt habe. Ohne Zweifel ist sie auch an mir interessiert. Meine Sympathie steigt sofort, ich mag sie bereits. Jetzt kein falsches Wort, nur nichts verderben, kein dummes Zeug reden. Eine Freundin bekommt man nicht auf Bestellung. Ich konzentriere mich auf das Gespräch, bekunde mein Interesse und zeige mich sehr geneigt, sie näher kennenzulernen. Ich sage spontan zu, als sie fragt, ob sie mich am Nachmittag besuchen könne. Ich freue mich wie irre, und mein Gutelaunepegel droht zu platzen. So hoch war er in der letzten Zeit nie.

Dann krempele ich die Ärmel hoch und krame das Putzzeug hervor. Der erste Eindruck ist immer entscheidend. Mein Mann flüchtet. Er flüchtet momentan ziemlich oft. Ich frage mich, ob an dem Satz „Wenn eine Frau welkt, geht der Mann duften", etwas Wahres dran ist.

Bei Gelegenheit werde ich versuchen, das herauszubekommen. Gnade ihm Gott.

Aber im Augenblick ist es besser so, denn bei Frauengesprächen hat er nichts verloren.

Ich wirble durch die Wohnung, putze hier und da ein wenig, vor allem dort, wo man hinsehen kann. Alles andere ist jetzt nicht zwingend erforderlich. Gründlich geht anders. Hauptsache, die Oberfläche glänzt, unter den Teppich wird schon niemand schauen.

Es ist schönes warmes Wetter, fast schon sommerlich, und so weite ich meinen Putzanfall bis auf die Terrasse aus. Hier ist es ideal, um ein Pöttchen Kaffee zu trinken. Ein Blick auf die Uhr sagt mir, dass ich gut in der Zeit liege. Schnell eile ich noch zum Bäcker. Wie gesagt, der erste Eindruck zählt. Fertig.

Halt, noch nicht ganz. Es ist noch genügend Zeit für eine Gesichtsmaske. Ich will nicht so alt aussehen. Schnell mische ich eine glibberige Mixtur zusammen. Zitrone, Ei, Mandelöl und Sahne. Soll ein wahres Wundermittel gegen unerwünschte Falten sein. Ich probiere es aus.

Dreißig Minuten später stelle ich fest, dass es doch viele Lügner auf dieser Welt gibt. Alle Falten sind noch da, genauso viele und genauso tief und verabscheuenswert wie vorher. Einzig und allein die Haut sieht etwas frischer aus. Mir bleibt nichts anderes übrig, als mich damit zufrieden zu geben. Aber sauer bin ich trotzdem. Ich schaue mir tief in die Augen, eigentlich um das

Alter zu tadeln. Mir liegen bereits ein paar geschmacklose, würdelose, verächtliche und äußerst schlimme Schimpfworte auf der Zunge, als ich erstaunt innehalte. Was ist das? Ich schaue genauer hin. Es ist noch da. Das habe ich ja ewig nicht gesehen. *Ich strahle und leuchte von innen.* Auf meinen Lippen liegt ein Lächeln, meine Augen glänzen und glitzern, ich sehe richtig freundlich aus. Ich finde mich anmutig und reizend. Ich finde mich sexy. Schade, dass mein Mann gerade nicht da ist. Von wegen welke Blume. Ich posiere noch ein wenig vor dem Spiegel herum, dann zwinkere ich mir zu und ziehe mich um.

Schnell wird mir klar, was der Grund meiner ungewohnten Ausstrahlung ist. Es ist die riesige Vorfreude auf eine Busenfreundin. Ich muss sagen, das wirkt besser als jede Gesichtsmaske.

Begegnung

Samstagnachmittag

Pünktlich ist sie da. Es dauert lange, bis sie die vierzehn Treppenstufen geschafft hat. Die ganze Schwere ihrer Lähmung wird mir in diesem Moment bewusst. Aber ich sehe auch ihren eisernen Willen, in ihr steckt eine Menge Energie, und das beeindruckt mich.

    Die Sonne scheint immer noch herrlich, und wir setzen uns auf die Terrasse. Ich zwinge mich, unbefangen auszusehen. Das fällt mir nicht gerade leicht, denn ich habe unzählige Fragen, die ich gerne stellen möchte. Doch eine beantwortet sich schon bald von selbst. Es war eine misslungene Wirbelsäulenoperation, die sie zunächst in den Rollstuhl gebracht hat. So etwas kommt schon mal vor. Doch sie gab nicht auf und schaffte es mit großer Willensstärke an den Rollator. Heute, Jahre später, geht sie an zwei Gehhilfen. Sie ist eine Kämpferin. Zielstrebig, unbeirrt und beherzt schaut sie in die Zukunft. Sie kämpft weiter. Nicht gegen das Alter, das ist bei ihr Nebensache. Scheinbar gibt es Wichtigeres, als sich über Falten und runzelige Haut zu ärgern. Bei ihr zählt keine Falte, sondern jeder Schritt. Jeder einzelne Schritt im Leben, mit vielleicht nur noch einer Gehhilfe. Das ist für sie Lebensqualität. Ich bin verblüfft. Meine Probleme werden neben ihren plötzlich so klein und unwichtig. Ich fühle so sehr mit ihr, dass ich sie am liebsten umarmt hätte.

Wir trinken Kaffee und essen Kuchen und reden über Gott und die Welt. Ich bin glücklich, vor allem darüber, dass wir gegenseitiges Vertrauen spüren. Am Ende des schönen Nachmittags nehme ich freudig ihre Einladung zum Frühstück an. Es ist schon in ein paar Tagen, und ich bin gespannt, wie sie wohnt. Ich spüre es – den Beginn einer wunderbaren Freundschaft. Eine Freundschaft mit Ute.

Malzeit

Sonntag

Der Urlaub rückt immer näher, und ich freue mich wie Bolle. Ich zähle bereits die Tage. Der Koffer steht bereit.

Sonntage sind nicht unbedingt meine Lieblingstage. Sie vergehen so schleppend. Schwerfällig vergehen die Stunden, die Minuten. Ich langweile mich und zerbreche mir den Kopf, wie ich die Minuten beschleunigen könnte. Das wiederum hat zur Folge, dass ich an den

Sonntagen regelmäßig unausstehlich werde. Jedes Mal ärgere ich mich über die vertrödelte Zeit. Ich brauche dringend einen sinnvollen oder auch weniger sinnvollen Zeitvertreib. Hauptsache, die Stunden vergehen.

Da fällt mir Facebook ein. Wenigstens habe ich das. Zehn Freunde sind bereits in meiner Liste. Doch es sind Fremde. Mein schönes Profilbild scheint anzusprechen. Wahrscheinlich, weil ich mir die Falten wegretuschiert habe. Alle zehn Frauen möchten meine Freundschaft. Das ehrt mich sehr, doch was soll ich damit? Niemand wohnt in meinem Umkreis. Ich werde niemals mit einer dieser Frauen Kaffeetrinken gehen. Plötzlich finde ich Facebook nur noch eingeschränkt gut, eher hirnlos. Da wird man eingeladen, Freunde zu finden, die man niemals treffen wird. Facebook verspricht, Freunde auf der ganzen Welt zu entdecken. Soll ich denn bis Japan reisen, um eine Tasse Kaffee mit einer Freundin zu trinken? Gibt es in Japan überhaupt Kaffee? Und außerdem kann ich kein Japanisch. Hobbys und andere Interessen auszutauschen, geht auch nur durch das geschriebene Wort oder mit einem Bild. Niemand sitzt neben mir, keiner malt ein Bild mit mir, und niemand geht mit mir spazieren.

Medienzirkus nenne ich das. Nicht im oder mit Netz sein, nein – ohne Netz und doppelten Boden ist man im Netz. Facebook würde es sicherlich Medienpädagogik nennen, aber ich finde, damit hat es nichts zu tun. Schöne Pädagogik, wenn es mit Sucht endet.

Eine richtige Freundschaft kann mir Facebook nicht bieten oder ersetzen. Mir ist das nicht menschlich genug. Ich möchte meiner Freundin in die Augen sehen, sie berühren und drücken können. Für mich ist Facebook wohl eher nichts. Da kann ich mir auch gleich einen Roboter halten und habe dann noch mehr davon. Vielleicht liegt es auch an meinem schon etwas fortgeschrittenen Alter. Ich schätze mal, dass ich doch etwas anders ticke als die Jugend.

Ich schließe die Seite und hole mein Malzeug heraus. Draußen scheint die Sonne von einem strahlend blauen Himmel. Also schleppe ich alles auf die Terrasse, suche mir ein Motiv aus, mit einem ebenso strahlend blauen Himmel und einem Meer in Königsblau, in dem sich die Wellen brechen. Im Vordergrund ein wenig Sandstrand, ein paar Dünen, Strandgras und Strandhafer. Herrlich. Ich fange mit dem Himmel an. Das Flüssigweiß lasse ich diesmal weg. Ich tauche den Pinsel direkt in die Farbe. Faszinierend. Ich bin außerordentlich vertieft in meine Arbeit. Stunde um Stunde verstreicht, und ich merke es nicht.

Ich male die Wellen, die Gischt und die Brandung. Innerlich bin ich am Jubeln: „Es wird, es gelingt." Am späten Nachmittag, die Sonne scheint längst nicht mehr auf die Terrasse, betrachte ich wohlwollend mein erstes Werk. Ich habe es geschafft. Selbst meinem Mann gefällt es. Ein erhebendes Gefühl für eine Frau in meinem Alter. Wer hätte das gedacht!

Das wird mit absoluter Sicherheit mein Lieblingshobby, mein Sonntagshobby, mein schönstes Hobby. Ich eile zu meiner Liste und hake **Punkt acht** ab.

Rückblick

Ich schreibe meine ereignisreichen Eindrücke und bewegenden Gefühle von gestern und heute nieder. So kann ich alles noch einmal nachwirken lassen, und die Stunden sind nicht gleich wieder vergessen. Nicht dass ich schon vergesslich bin, ich beuge nur ein wenig vor. Also nehme ich meinen spitzen Bleistift und schreibe:

Dienstag

Frühstück bei Ute. Sie hat sich unglaublich viel Mühe gegeben. Rührei, Wurst, Käse, Gürkchen und Tomaten. Dazu duftender Kaffee und zwei brennende Kerzen. Ich brauchte nur die Brötchen mitzubringen. Wunderbar, so gut hatte ich es schon lange nicht mehr.

Ein kleiner – ich möchte ausdrücklich betonen: kleiner – Fahrstuhl führte mich in den sechsten Stock. Dieser kleine vorsintflutliche Fahrstuhl wäre ein gutes Paradebeispiel für Menschen, die unter Klaustrophobie leiden. Rappelnd fuhr er mich hoch. Ute bewohnt dort, in der sechsten Etage, eine kleine, aber feine Wohnung. Fällt der Fahrstuhl mal aus, muss sie zu Hause bleiben. Oder eine Stunde Zeit extra einplanen, um die sechs Stockwerke mit dem gelähmten Bein zu bewältigen.

Unsere Unterhaltung war die ganze Zeit über lebhaft und vielseitig und wurde mit der Zeit immer lockerer. Sie erzählte mir vertrauensvoll von ihren Schicksalsschlägen. So nach und nach erfuhr ich von allen Entbehrungen, Verzichten und Demütigungen, die sie erlebt hat. Ganz besonders unter die Haut ging es bei mir, dass niemand mehr bereit ist, mit ihr auszugehen, mit ihr etwas zu unternehmen. Ich wusste sofort, dass ich das ändern will. Wozu ist eine Freundin da? Und noch etwas wusste ich: Ute und ich wollen Freundinnen werden.

Mittwoch

Ich mache mich auf den Weg zur Shoppingtour mit Ute. Auf in die nahegelegene Großstadt! Ich brauche auch noch einige Kleinigkeiten für den Urlaub, Ute will unbedingt mit mir Kaffeetrinken gehen. Es wird bestimmt sehr nett. In bester Stimmung mache ich mich auf den Weg.

Ein Parkplatz ist erstaunlicherweise ruckzuck gefunden. Kein Wunder, ist ja auch ein Behindertenparkplatz. Spontan denke ich daran, mir den Ausweis mal zu borgen. So bei Bedarf ist das doch sehr praktisch. Jetzt aber kann erst mal unsere Shoppingtour beginnen.

Schon nach den ersten Metern merke ich, dass es ein Problem gibt. Ich gehe auf der falschen Seite. Das gelähmte Bein schlägt beim Laufen aus. Also wechsle ich die Seite. Passt, denke ich, und falle fast über die Gehhilfe. Ein Gefühl von höchster Peinlichkeit schießt heiß in mir hoch. Ute bemerkt es und tröstet mich damit, dass es vielen so geht. Doch das macht es auch nicht besser.

Vorwärts geht es nur im Schneckentempo. Ich habe das Gefühl, eine Schnecke ist noch flotter als wir. Das zweite Problem kündigt sich an. Mein Rücken. Die vom Alter angenagte Wirbelsäule meldet sich zu Wort. Herrje, nicht jetzt. Ich blicke hinunter zu meinen Schuhen. Das dritte Problem: Absatzschuhe. Schick, aber völlig fehl am Platz. In dieser Situation so was von unpassend. Langsames Laufen mit Absätzen ist Gift für meine geplagte Wirbelsäule. Mir wird schon wieder heiß. Eigentlich habe ich die Wechseljahre doch hinter mir.

Entsetzt denke ich an meinen ungeliebten Gast und stelle mir vor, wie ich ihm gerade die Bahn frei halte, erneut zuzuschlagen. Zuerst wird er zu meinen Füßen eilen, um sie zum Schmerzen zu bringen. Dann kriecht er in die Beine und beginnt meine Muskeln und Sehnen anzufressen, sodass sie schlapp machen. Und als

Höhepunkt seines Festmahles beginnt der widerliche Gast, meine Bandscheiben zu schmausen. Ich kann fühlen, dass er bereits am Bohren, Biegen und Zerstören ist, um meine körperliche Vernichtung voranzutreiben. Nur zu gerne will er mir einen vorzeitigen gebrechlichen Lebensabend spendieren. In einer Stunde spätestens bin ich eine lahme Ente. Ich sehe das Grinsen in dem Gesicht des Alters und ich höre sein höhnisches Lachen. Ich muss mich setzen.

Als wir beim Kaffee sitzen und ich Utes strahlendes Gesicht sehe, schäme ich mich. Gleichzeitig wird mir aber auch schlagartig bewusst, warum keiner bereit ist, mit ihr etwas zu unternehmen. Alles andere scheint kein Thema zu sein. Ich nehme mir vor, eine Alternative zu finden, denn verlieren möchte ich sie nicht. Eines weiß ich und das ist unumstößlich: sie ist eine Freundin zum Reden, für Theaterbesuche und alle anderen Veranstaltungen, die zur sozialen Kontaktaufnahme beitragen.

Die andere, viel jüngere Freundin habe ich dann zum Laufen, Reisen und zusätzlich noch zum Reden. Reden schadet nie, je mehr, desto besser. Ich bin zufrieden und werde, so bald ich zu Hause bin, **Punkt drei** abhaken. Zwei Busenfreundinnen zu haben, ist großartig. Die Suche ist beendet.

Mit quälenden Rückenschmerzen sitze ich am Abend am meinem großen Schreibtisch und schreibe die Erlebnisse der beiden Tage nieder.

Seniorin!

Freitag

Ungläubig sitze ich verloren an unserem riesigen Esstisch. Ich kann und will nicht wahrhaben, was soeben geschehen ist. Soll ich jetzt mit dem Unfassbaren leben? Mit dem Unaussprechlichen, dem Seniorentarif? Die alte Versicherungspolice wurde auf den neuesten Stand gebracht. Die erneuerte Police liegt vor mir, frisch von mir unterschrieben. Ich darf die Vorteile des Alters nutzen, den Seniorentarif. Der Beitrag ist nun um ein paar Cent gesunken, damit ich mir als Seniorin noch andere Dinge leisten kann. Wie nett. Bin ich überhaupt eine Seniorin? Woher wollen die das denn wissen? Das angegebene Alter auf dem Papier sagt bestimmt nichts über meine körperliche und geistige Verfassung aus. Da wird man einfach über einen Kamm geschert und zur Seniorin abgestempelt.

Ich frage mich ernsthaft, ob ich nun keine Frau mehr bin. Kein Mensch mehr sein darf. Ich gehöre automatisch in die Seniorenkategorie. Ist das eine neue Rasse? Eine Medienerscheinung oder eine schicke Umschreibung für Greisin, Alte oder Grufti? Ab wann ist man eine Seniorin? Und was bin ich, falls ich *wirklich* alt bin? Wenn das Seniorenverfallsdatum abgelaufen ist und man eine Ex-Seniorin geworden ist, kommt man dann in die Gruppe der senilen überflüssigen Lebewesen, die eventuell Endseniorinnen heißen? Vielleicht sagt man dann auch: Abstellgleisin auf der Endspur. Irgendwem wird schon was einfallen.

Alle reden vom Alter. Wohnen im Alter, fit im Alter, Rente im Alter, Ernährung im Alter (sehr wichtiges und beliebtes Thema), Seniorenteller, Liebe im Alter und vieles mehr. Die Medien sind voller guter Ratschläge. Ständig wird sich etwas Neues für die Senioren ausgedacht. Die Werbung ist voll mit Tipps und Vorschlägen zum Thema. Angepriesen werden neue Salben, Hautpflegemittel, die speziell auf die reife Haut (die Haut ab fünfzig, die Haut ab sechzig) abgestimmt sind und Pillen gegen das Vergessen aus irgendwelchen Wurzeln. Urlaubsreisen für Senioren, gutes Schuhwerk für die alten Füße – alles schön seniorengerecht. Gebiss-Pflegemittel, Slipeinlagen bei schwacher Blase, für jeden ist etwas dabei. Plakate auf den Straßen, mit glücklichen alten Gesichtern, weisen auf eine gute Altersversorgung hin. Doch wer denkt schon in jüngerem Alter über die Altersversorgung nach? Ich jedenfalls habe nicht daran gedacht.

Abends freut man sich auf einen schönen Film, und nichtsahnend sieht man dann den Senior mit der Seniorin beim angeblich unglaublichen Sex. Sie wälzen sich auf dem Laken, sie stöhnen und jauchzen – nur alles ein bisschen langsamer. Alles schön perfekt beleuchtet, es muss ja angemessen würdevoll aussehen. Ich weiß durchaus zu schätzen, was die Schauspieler in dem Moment leisten, doch anspornen kann es mich nicht.

In der heutigen Zeit werden die Menschen immer älter. Das Durchschnittsalter ist stark gestiegen. Die moderne Medizin sorgt ständig für einen weiteren Anstieg. Alt zu werden auf hohem Niveau, ist der Trend. Pro Jahrzehnt zwei bis drei Jahre älter werden – ja, das ist ein Gewinn. Es fragt sich allerdings, ob es für jeden ein Gewinn ist und ob es alle wollen. Der heutige Lebensstil trägt auch ein gutes Stück dazu bei, ein hohes Alter zu erreichen. Wir haben allen Luxus und alle Annehmlichkeiten. Wir können uns Sachen leisten, die vor vielen Jahren noch undenkbar waren. Chronische Krankheiten werden bekämpft, künstliche Ersatzknochen eingepflanzt, viele Leiden und Gebrechen geheilt und gelindert. So wird ein hohes Alter mit bester Lebensqualität erreicht. Und wer doch eher das Zeitliche segnet, ist selbst schuld. Fettleibigkeit und ein unsolider Lebenswandel sollte möglichst vermieden werden. Eine Heirat soll sich angeblich auch nicht immer positiv auf eine hohe Lebenserwartung auswirken. Das kann ich mir sogar vorstellen. Nicht bei mir, aber man bekommt schließlich so einiges aus dem Umfeld mit. Ich kenne Leute, die haben sich, durch die nervliche Belastung, Magengeschwüre angeärgert. Ich bin nicht fett, ich lebe solide, ich liebe meinen Mann, also mache ich nichts zunichte.

Trotzdem mag ich die Bezeichnung einer *Seniorin* nicht, sondern bevorzuge den Titel der *reifen Frau*. Die reife Frau im mittleren Alter, weil sich das Alter ja eine ganze Portion nach hinten verschoben hat. Ende offen, sozusagen. Es ist der Wahnsinn schlechthin.

Meinem hartnäckigen Alter würde die Bezeichnung der Seniorin bestimmt besser gefallen. Doch nicht mit mir. Und im Übrigen, bei einer Frau mittleren Alters hat das Alter eigentlich nichts zu suchen. Aber das mach mal einer dem Alter begreiflich.

Willkommen im Club

Freitagabend

Ich möchte Sex, aber im Dunkeln. Erstens weil das Alter nicht zusehen soll, zweitens möchte ich Sex, weil ihm die Aktivität nicht gefallen wird. Körperliche Aktivität mit höchster Muskelanspannung in Begleitung von Liebe stimmt es missmutig. Es hasst die Liebe. Die ewig junge Liebe. Sie ist für das Alter ein gefährlicher Widersacher. Ein Rivale mit Kraft. Ist die ewig junge Liebe gegenwärtig, hat das Alter nichts zu lachen. Ein guter Grund für Sex, wie ich finde.

Aber es gibt noch einen weiteren Grund, warum das Ganze im Dunkeln stattfinden soll. Ich schäme mich wegen meinen schlaffen Hautpartien. Die soll mein Mann auf keinen Fall sehen, sonst nimmt er sich noch eine neue, knackig-frische junge Frau.

Ich bin gut vorbereitet und beginne mit meinen Verführungskünsten. Mit dem Gedanken, Sex soll im Alter doppelt so schön sein, gebe ich alles. Nur mein Mann nicht. Er hat es im Rücken.

Das Alter ist also auch bei ihm eingezogen. Er stöhnt und seufzt – allerdings nicht vor Lust. Jetzt wäre Sex gleich Quälerei im Alter passender. So werfe ich nach kurzer Überlegung, ob sich ein weiter Verführungsversuch lohnen würde, mein langärmeliges Nachthemd über und gehe. Ich lasse meinen Mann lieber in Ruhe. Plötzlich muss ich lachen, und während ich in mein Arbeitszimmer schlendere, bemerke ich die aufkommende Freude. Es jubelt förmlich in mir. Ist das zu fassen? Eigentlich sollte ich eingeschnappt sein. Stattdessen finde ich das alles ziemlich vergnüglich. *Herzlich willkommen im Club, mein lieber Mann.* Auch bei dir ist nun das Alter eingezogen. Ich bin nicht mehr allein, er hat es auch.

Natürlich sage ich ihm nichts von meiner Freude. Im Gegenteil, ich werde ihn noch bemitleiden und bedauern. Er mag es, betüttelt zu werden. Er liebt es, wenn man ihn bedauert. Dann verschwinde ich noch eben im Porzellanpalast und grinse mein Spiegelbild an.

Es ist noch nicht spät, und mein PC ist noch an. Selbstgefällig betrachte ich das Gerät. Wenn ich erst eine berühmte Autorin bin, wird diese mächtige Maschine unentbehrlich sein. Ach, was für ein schöner Gedanke. Mein Arbeitskollege und Freund – der PC.

Ich klicke Facebook an und frage mich, ob ich meine Seite deaktivieren soll. Andererseits frisst sie ja kein Brot. Ups, was ist das? Gruppen finden, das hört sich gut an. Ich stöbere in dem riesigen Angebot herum und werde fündig. Na bitte, da hat das Gesichtsbuch doch etwas für mich. Ich suche mir zwei Seniorengruppen aus und klicke auf „Beitreten". Das Wort „Senioren" ignoriere ich, es geht halt nicht anders. Eine Gruppe für reife Frauen kann ich nicht finden. Außerdem will ich ja nur ein paar nette Kontakte von Gleichgesinnten und Ratschläge zur Altersvertreibung. Schließlich werde ich sicherlich nicht die Einzige sein, die das Alter nicht gut heißt. Dann fahre ich den PC herunter.

Da ich im Schlafzimmer nicht benötigt werde, trinke ich noch ein Glas Milch mit frisch gehacktem Knoblauch. Dieses Wundermittel gegen erschlaffte Haut ist sehr gewöhnungsbedürftig. Zum Schlafen gehe ich in mein Arbeitszimmer. Das ist in jeder Hinsicht jetzt das Beste.

Ab in den Urlaub

Samstag

Sonne, Strand und Meer warten auf mich. Ich blicke freudig neuen Kontakten, interessanten Gesprächen, netten neuen Bekanntschaften und vielen Abenteuern entgegen. Meine gute Stimmung wächst zur Höchstform an. Drei Stunden Fahrt, und wir sind da.

Wir, da mein Mann mich hinfährt, eine Nacht bleibt und dann wieder heimfährt. Das werden herrliche Tage, in denen ich tun und lassen kann, was ich will. Vierzehn Tage lang, bis mein Mann mich wieder abholt.

Es ist Anfang Mai, und das Wetter könnte nicht besser sein. Die Sonne wärmt und nur eine leichte Brise, die mein langes Haar flattern lässt, weht, als wir ankommen.

„Wo bitte geht es zum Meer?", ist meine erste Frage.

Sofort mache ich mich auf den Weg, im Schlepptau meinen Mann. Laufen ist nicht so sein Ding. Das Meer ist gerade nicht da, mein Mann ist enttäuscht. Ich aber auch. Ein leicht salziger Geschmack liegt auf meinen Lippen. Die Sonnenstrahlen liebkosen meine Haut, die Luft ist rein und pustet meine Lunge durch. Ich bin glücklich.

Bunte Strandkörbe laden zum Verweilen ein. Sie sehen wie Farbkleckse auf dem fast weißen Sand aus. Hier gefällt es mir. Der Urlaub kann beginnen.

Erkenntnisse

Montag

Endlich allein. Ich starte den Tag mit einem kleinen Frühstück. Mit einer einträglichen Portion Energie geladen, was mein Alter gehörig ärgern wird, setze ich meinen Sonnenhut auf und schwinge mich auf ein Fahrrad des Hauses. Die Sonne scheint, und es weht wieder eine leichte Brise. So leicht die Brise auch ist, sie reicht aus, um mir nach ein paar Metern den Hut vom Kopf zu fegen. Das unglaublich große Teil aus Stroh nun in der Hand haltend, radle ich weiter. So ein Mist, jetzt freut sich mein Alter schon wieder, die UV-Strahlen bieten ihm eine tolle Unterstützung. Mein Alter kann sich bequem zurücklehnen und zusehen. Die Sonne übernimmt die Arbeit. Wenn es denn Arbeit für das Alter ist. Sicherlich ist es eher eine Beschäftigung, die der unselige Feind mit Vergnügen erledigt. Nervös trete ich in die Pedale.

Jetzt schmerzen die Beine. Was soll denn das jetzt? Verflixt, kannst du mich nicht in Ruhe lassen? Nicht jetzt, du gnadenloser Kerl. Frag mich gefälligst, ob ich das will. Natürlich würde das Alter niemals fragen, denn das Alter ist zeitbedingt sehr einflussreich und mächtig. Das Alter gibt den Ton an. Man ist ihm ausgeliefert, man wird schwach und schwächer – wenn man es sich gefallen lässt.

Ich werfe meine Sachen auf den Strand und laufe in die zurückgehende Flut. Voller Wut raune ich meinem Alter drohend zu: „Komm raus, damit ich dich im Meer versenken kann. Was tust du mir an, was tust du uns Menschen an? Du bist die größte Zumutung in unserem Leben." Mein Ton war scharf, aber leise.

Dann muss ich lachen. Wenn jeder sein Alter im Meer versenken könnte, dann würde es jetzt hier, wo ich stehe, nur so von fiesen Altern wimmeln. Das wäre zu viel, man wüsste nicht mehr, wo man hintreten soll. Also würde man eine weitere Entsorgungsstelle benötigen. Eine Müllkippe für das Alter. Ja, spinne ich jetzt?

Ich setze mich in den Schatten eines leeren Strandkorbes. Ständig fliegt der Hut weg, das nervt. Festhalten ist lästig, aber es bleibt mir nichts anderes übrig. Eine halbe Stunde später ist mein Hintern eingeschlafen. Ich komme kaum wieder hoch. Meine Glieder sind steif. Morgen nehme ich mir einen Strandkorb.

Ich stopfe meine Sachen wieder in die Strandtasche mit den viel zu kurzen Henkeln. Schultern geht nicht, ich komme mir reichlich blöd vor. Der Hunger treibt mich zum Fischrestaurant am Hafen. Ich kaufe mir ein Fischbrötchen und esse es draußen mit Blick auf die Fischkutter. Es schmeckt. Jetzt habe ich Durst und noch mehr Hunger.

Die leichte Brise hat sich inzwischen in eine steife Brise verwandelt. Ich rolle von allein den Deich hinunter, da kommt gutes Tempo auf. Meine Haare stehen im Fahrtwind waagerecht, der schöne Strohhut fliegt mir aus der Hand und ist weg. Die Bremsen sind zu schwach. Bis ich zum Stehen komme, ist von meinem Strohhut mit Schleife nichts mehr zu sehen. Ich ringe um Fassung und muss meine Wut bekämpfen. Mit einem Gummiband wäre das nicht passiert. Nur dass ich ausgesehen hätte wie meine Oma.

Mein Magen knurrt laut und heftig. Ich halte an einem Restaurant und studiere die Speisekarte. Sieht verdammt gut aus und gar nicht teuer. Das Wasser läuft mir im Mund zusammen. Matjesteller nach Haufrauenart, das wäre es, ganz nach meinem Geschmack. Just in diesem Moment wird mir mulmig. Ich bekomme ein Gefühl von Angst und meine Hände zittern. Im gleichen Augenblick fühle ich mich sehr einsam. Wie versteinert stehe ich immer noch draußen vor der Speisekarte. Ich bin nicht fähig, mich zu bewegen. Ich fühle mich auf einmal so hilflos und habe nicht die geringste Spur von Selbstbewusstsein. Am liebsten würde ich heulen.

Da wird mir klar, warum das so ist. Ich traue mich nicht allein in das Restaurant. Ich kann die Hürde nicht überwinden, ich schaffe es nicht. Eine Träne rollt mir aus dem rechten Auge, und ich wische sie schnell fort. Das hat mir noch gefehlt. Wo ist deine große Klappe? Von Emanzipation keine Spur, allein bin ich nichts.

Ich gehe in den Supermarkt und kaufe mir eine Dose Tomatensuppe. Am späten Abend gehe ich sehr hungrig ins Bett.

Strandkorb-Gedanken

Dienstag

Ich miete mir einen blauen Strandkorb und zahle gleich für die ganze Woche. So viel Luxus muss sein. Er steht etwas abseits, ich habe ihn mir vorher ausgesucht. So liebe ich es. Dann muss ich den schweren Korb erst mal um die eigene Achse wuchten, damit ich die Sonne von vorn habe. Wie schwer so ein Teil ist! *Hoffentlich habe ich mir nichts ausgerenkt*, denke ich, als ich es mir endlich bequem mache.

Es ist sehr warm, aber einen Badeanzug habe ich nicht mit. Entschlossen ziehe ich recht wagemutig einfach meine Jeans aus. Die Tunika ist lang genug, niemand wird meinen Hintern sehen. Nackte Beine, nackte Füße – großartig.

Ich muss an gestern denken, an meinen verunglückten Versuch, ein Restaurant zu betreten. Mit meinem Mann oder einer Freundin wäre mir das nicht passiert. Ohne Hemmungen hätte ich jedes Lokal betreten. Das ist so sicher wie das Amen in der Kirche. Aber warum bin ich nicht in der Lage, allein essen zu gehen? Dazu sollte ich doch wohl imstande sein. Plötzlich kommt mir eine Erleuchtung. Mein Gott, das ist es! Ich bin noch niemals allein in ein Restaurant gegangen. Ich war noch nie allein in der Eisdiele oder in einem Café.

So alt wie ich nun schon bin, ich war immer in Gesellschaft. Was nun?

Ich brauche eine gehörige Portion an Courage. Da muss ich jetzt durch. Von wegen, den Kopf hängen lassen. Schließlich bin ich eine selbstständige Frau und keine Bangebüchs! Wovor soll ich Angst haben? Es gibt keinen Grund, im Gegenteil, die Restaurantbesitzer wollen auch nur Geld verdienen. Somit ist man dort immer herzlich willkommen.

Ich rede mir gut zu. Ich brauche vor Situationen, die mir fremd sind, keine Angst zu haben. Schließlich bin ich doch kein eingleisig fahrender Gewohnheitsmensch. Ich bin offen für alles, die ganze Welt steht mir offen. Ich muss nur zupacken.

Und was noch viel wichtiger ist: ich darf nicht schwach und traurig sein, nicht hilflos oder sogar depressiv. Sonst hat das Alter wieder eine gute Angriffsmöglichkeit. Das Alter bringt es fertig und knabbert ganz genüsslich an meiner Psyche herum. Es frisst in seiner Gier mein Gemüt an oder auf. Und dann bin ich erledigt. Das spornt mich an. Ich werde einen neuen Start versuchen. Gleich heute – aber ein bisschen später, es ist noch etwas Zeit.

Ich hole die Sonnenmilch mit Schutzfaktor „Mehr geht nicht" hervor und schmiere mich dick ein. Sonnenbrille auf die Nase und lesen. Mensch, geht es mir gut. Ich komme mir vor wie im Paradies. Doch das Vergnügen ist nicht von Dauer. Dunkle Wolken ziehen in rasanter Geschwindigkeit auf. Meine Sonnenmilch ist noch gar nicht eingezogen, da wird es mit einem Schlag kühl und windig. Die Jeans klebt auf den eingecremten Beinen und die Jacke lässt sich kaum über die Arme ziehen. Die Ärmel pappen an meiner Haut fest. Innerhalb von wenigen Minuten fallen die ersten Tropfen. Nichts wie weg. Wenn ich einigermaßen trocken bleiben will, sollte ich nun dringend in das Fischrestaurant am Hafen einkehren. Eine Alternative gibt es nicht, mein dünnes Sommerjäckchen hält nicht viel aus.

Kopf hoch, Brust raus, alles was an Kühnheit in mir existiert, kratze ich zusammen und ich betrete das Fischrestaurant. So, drinnen bin ich schon mal. Ich eile zu seinem freien Tisch und nehme Platz. Na bitte, geht doch!

Wenig später lasse ich mir einen Matjesteller mit Bratkartoffeln schmecken. Es geht mir wahnsinnig gut dabei. Ich beobachte übermütig die Leute, ich schaue auf den Jachthafen, trage meinen Kopf hoch, und den Rücken strecke ich durch. Ich habe es geschafft.

Wie selbstverständlich und als täte ich seit Jahren nichts anderes, verlasse ich später, schön satt, das Restaurant. Ich strahle stärker als die Sonne am Morgen.

Kaum sitze ich auf dem Fahrrad, fängt es an zu stürmen. Dicke Hagelkörner prasseln auf mich herab. Ich muss absteigen, meine Beine schaffen das nicht. Der Regen peitscht mir ins Gesicht, es tut unangenehm weh. Der nächste Unterstand ist noch einige hundert Meter entfernt. Ich kämpfe gegen den Sturm an und brauche all meine Kraft. Klatschnass bin ich, als ich den Unterstand erreiche. Aber es will nicht aufhören zu regnen – wohl oder übel muss ich weiter. Inzwischen bin ich nass bis auf die Haut, und die Schuhe beginnen sich aufzulösen. Meine schönen neuen Sommerschuhe.

Ich friere erbärmlich, als ich in meiner Ferienwohnung ankomme. Müde und erschöpft ziehe ich mich komplett aus und suche dann vergeblich nach einem warmen Pullover. Ich habe nur leichte Sommersachen mit. Und das einzige paar Laufschuhe wird wohl Tage brauchen, um zu trocknen. Ich hätte da noch schicke Absatzschuhe, leichte Ballerinas und ein paar Riemchensandalen. Alles fehl am Platz, hätte ich zu Hause lassen können. Hier braucht man Turnschuhe oder feste Sandalen. Ich frage mich ernsthaft, was ich mir dabei gedacht habe. Wahrscheinlich nichts. Pech. Urlaub am Meer ohne Fleecejacke, Pullover und Windjacke ist etwas für Hartgesottene und Verrückte. Ich hatte null Ahnung von dem hiesigen Klima und den schnellen, unberechenbaren Wetterumschwüngen. Ich bin ja so blöd. Da muss ich aber durch, denn hier in dem kleinen Ort gibt es keine Geschäfte, wo ich etwas Entsprechendes kaufen könnte.

Ich hülle mich in eine Wolldecke ein und versuche, auf dem Sofa liegend warm zu werden. Der Fernseher läuft, ich weiß nur nicht, was da gezeigt wird, denn ich habe kein Programmheft. Und als wenn es nicht schon schlimm genug ist, habe ich noch nicht einmal etwas Warmes zu trinken.

Trotz meiner Gänsehaut und meinen total zerzausten Haaren bin ich glücklich. So glücklich wie schon lange nicht mehr. Morgen gehe ich ein Eis essen. Ich werde mich sehr frei und ungezwungen in die Eisdiele setzen und einen großen Eisbecher bestellen. Mit Eierlikör oben drauf. Genauso werde ich es machen, als wenn ich schon hunderte von Eisdielen besucht hätte. Oh, das wird gut sein, und das bösartige Alter bleibt hier.

Overdressed

Sonntag

Seit fünf Tagen regnet es ununterbrochen. Oft ist es so heftig, dass ich noch nicht einmal auf die Terrasse komme, um eine Zigarette zu rauchen. Den Strandkorb habe ich nicht mehr benutzen können, meine Vorräte sind aufgegessen. Aber meine Schuhe sind trocken. Sie haben allerdings etwas von ihrer Form eingebüßt und sind jetzt hart. Ich lese ein Buch nach dem anderen und fühle mich inzwischen sehr klug und belesen. Ich fühle mich eine ganze Portion weltgewandter. Das scheint mein Alter zu spüren, denn es lässt sich im Moment nicht blicken. Es traut sich wohl nicht, eine neue Furche zu graben. Gut so, soll es sich verstecken, von mir aus für immer.

Ich ziehe mich so warm an, wie es mein Koffer zulässt. Mit mehreren Shirts übereinander, sogar doppelter Unterwäsche, mache ich mich auf den Weg. Mein Ziel ist eine kleine Lokalität, die sehr einladend wirkt.

Alle tragen Windjacken, ich trage einen eleganten Blazer. Unpassender geht's nicht. Alle tragen Mützen, ich trage einen Schirm. Alle tragen Rucksäcke, ich trage eine Handtasche. Andere haben Sturmschirme, ich habe einen verbogenen Designerschirm. Blöder als ich mich gerade fühle, kann man sich nicht mehr vorkommen. Mit meinen verbogenen Schirmstangen, meinen verformten und verblassten Schuhen und meiner knallroten Lederhandtasche komme ich mir unmöglich vor. Hier und so bin ich nicht richtig. Doch der Ort ist wunderschön, und ich würde ihn so gerne bei Sonnenschein erkunden. Bisher habe ich ja noch nicht viel davon gesehen. Doch ich glaube, ich will wiederkommen – mit einem Koffer voller wetterfester Kleidung.

Dann kehre ich selbstbewusst in das kleine Lokal ein und bestelle mir Scholle mit Salzkartoffeln und Salat. Fisch ist gesund, und hier gibt es ihn fangfrisch. Besser geht's nicht. Die Omega-3-Fettsäuren werden meinem

Alter nicht gefallen. Sie sind regelrechte Alterskiller. Es wird mir gleich noch mal so gut schmecken. Bei jedem Bissen muss ich daran denken.

Schlammpackung

Mittwoch

Ich komme mit dem Kamm nicht mehr durch meine langen Haare. Schuld ist der ständige Wind. Mal bläst er sanft und mild, dann wieder heftig und stürmisch. Ich habe deshalb schon viele Haare eingebüßt. Einfach ausgerissen oder abgebrochen. Inzwischen sehe ich aus wie nach einem Griff in die berühmte Steckdose.

Aber wenigstens scheint heute die Sonne. Ich traue dem Wetter allerdings nicht mehr über den Weg und nehme lieber meinen demolierten Schirm mit. Ich möchte nun gerne endlich das Dorf erkunden und etwas von der Umgebung sehen. Also schwinge ich mich auf den Sattel. Los geht's.

Ich radle auf ungewohnten, mir fremden Wegen. Die Häuser am Wegesrand sind neu und unbekannt. Eine für mich völlig neuartige Landschaft in einem satten Grün erstreckt sich zu meiner rechten Seite. Links ist der Deich. Alles ist eben und lässt sich leicht und ohne Anstrengungen befahren. Ein Glück.

Ich merke, wie meine Gehirnzellen arbeiten. Endlich bekommen sie nach all den Regentagen eine Abwechslung. Der Geist braucht gesunde Nahrung. Ich radle und radle, die vielen neuen Eindrücke sind wie eine geballte Kraft, wie ein starker Energieschub für meine Gehirnzellen. Mein Gehirn ist jetzt aktiv, und mein Alter schläft hoffentlich. Es hat jetzt Pause.

Ich kann gar nicht genug bekommen und stürze mich tollkühn in das Abenteuer, einen fremden Seitenweg zu befahren. Doch schnell wird mir klar, dass ich mich immer weiter vom Deich entferne. Wo lag nochmal das Dorf, in dem ich die Ferienwohnung habe? Ich muss aufs Klo.

Kein Busch ist weit und breit. Nur Felder, Wiesen, Gänse und Möwen. Herrje, ich muss aber. Meine Blase ist auch nicht mehr das, was sie mal war. Jetzt droht sie damit, sich unfreiwillig zu entleeren. Was gäbe ich nun für ein Inkontinenzhöschen. Es drückt und pressiert mächtig. Lange halte ich das nicht mehr aus.

In der Ferne mache ich so etwas wie einen Graben aus. Das ist die einzige Chance zur Blasenentleerung. Mit Überschallgeschwindigkeit bin ich dort. Ein kleiner schmaler Graben, mit einem kleinen Rinnsal darin, liegt vor mir. Nicht tief, und er wird keine vollständige

Deckung bieten. Meine Güte, ein Land ohne Büsche, wo gibt es so was? In Ostfriesland!

Ich kraxle in den Graben, rutsche ab und liege im Rinnsal. Sofort weiß ich, dass es mit dem Kraxeln auch nicht mehr weit her ist. Und wer hat Schuld? Das Alter! Ich pinkle mir über den rechten Schuh. Zum Glück sind die Felder und Wiesen still und schweigsam.

Von der Hüfte abwärts bin ich nun wie frisch aus dem Schlamm gezogen. Ich fühle mich unschuldig an diesem Dilemma, die Verantwortung trägt einzig und allein das bösartige Alter.

Verjüngungskur

Freitag

Mein spitzer Bleistift ist mit mir in den Urlaub gefahren. Nicht dass er es nötig hätte, zumindest jetzt noch nicht. Das Wetter meint es seit ein paar Tagen gut mit mir. Auch heute ist es angenehm warm, der Wind hält sich in Grenzen, und ich sitze im Strandkorb. Mein Bleistift schreibt gerade alles, was ich hier erlebt und gesehen habe, nieder. Das ist Balsam für meine Seele. Besonders effektiv ist es für mich, wenn ich mich über das Alter auslasse. Das gibt mir eine innere Zufriedenheit.

Mein Blick schweift über das Meer. Die ostfriesischen Inseln liegen zum Greifen nah, klar und deutlich im warmen Sonnenschein. Demnächst muss ich unbedingt einige Inselbesuche machen. Demnächst? Ja, es gefällt mir hier. Mein Geist ist hier hell und rege. Mir fallen plötzlich Dinge ein, die ich längst vergessen hatte. Ich kann mich hier bestens konzentrieren, ausgezeichnet kombinieren und mich auch orientieren. Mein Gehirn scheint gut durchblutet. Ich fühle es, ich spüre dieses herrliche neue Gefühl der geistigen Frische.

Dazu beigetragen haben auf jeden Fall die vielfältigen Eindrücke. Das Gehirn musste neue Verknüpfungen zwischen den Nervenzellen herstellen. Es wurde angeregt, neue Strukturen anzulegen. Kurzum, es wurde in der letzten Zeit gut gefüttert. So gut, dass es wahrscheinlich noch ausreicht, um bis ins hohe Alter für ein gutes Gedächtnis zu sorgen.

Doch etwas vermisse ich noch. Den lebhaften sprachlichen Austausch mit anderen Menschen. Ich freue mich jeden Morgen über das freundliche „Moin", doch mehr wird es nicht. Und dabei ist das geistige Training durch Gespräche enorm wichtig. Doch ich meine, dass ich es schon sehr weit gebracht habe, und der nächste Urlaub kommt bestimmt. Wer weiß, wer weiß – vielleicht nehme ich mir ja hier eine eigene Ferienwohnung. Hier sind die

Nächte noch ruhig und vor allem so richtig dunkel. Der Himmel glitzert dann durch die unzähligen Sterne. Von denen gibt es hier viel mehr als zu Hause. Hier schlafe ich wie in Abrahams Schoß, und ich bin sehr dankbar, dass ich das alles erleben darf.

Ich klappe mein Schreibheft zu und lege meinen Bleistift fast zärtlich zurück in das Seitenfach meiner Handtasche. Heute am späten Nachmittag kommt mein Mann. Der schöne Urlaub ist fast zu Ende. Am Sonntag geht es heim. Ich kann dann den einen oder anderen Punkt auf meiner Liste abhaken. Aber nun genieße ich noch ein wenig die Sonne. Meine Haut ist leicht gebräunt, und sie sieht gut aus. Ich bin mir sicher, dass ich dem Alter in die Quere gekommen bin. Es scheint sich zeitweise zu verdrücken.

Ich lese noch mein Buch aus, dann gehe ich etwas essen und freue mich auf meinen Mann. Das war auch schon lange nicht mehr so. Kein Wunder, wir waren ja auch noch nie getrennt. So eine kleine Pause tut der Ehe gut, ich kann es nur empfehlen. Es ist wie eine Verjüngungskur.

Wieder zu Hause

Montag

Kaum zu Hause vermisse ich das Meer und die würzige Luft. Ich laufe etwas ratlos umher. Am liebsten würde ich zehn Dinge auf einmal erledigen. Frau kann das, so heißt es jedenfalls, im Gegensatz zum Mann. Früher konnte ich das auch, sogar mit Leichtigkeit. Aber jetzt? Es klappt nicht mehr so gut. Da sind schon einige Defizite, muss ich leider zugeben. Also alles hübsch der Reihe nach. Es ist wirklich besser so. Es erspart mir, später das Chaos zu beseitigen.

Zuerst will ich das Allerwichtigste erledigen. Mit einem breiten Grinsen im Gesicht mache ich hinter **Punkt eins** einen fetten Haken. Urlaub – das war ein wirklich schönes Ziel. Abgehakt, aber fortsetzungsfähig. **Punkt zehn** bekommt auch einen Haken. Ursprünglich stand ja langes Schlafen hinter dem Punkt. Dann hatte ich Lesen daraus gemacht, weil Lesen auch viel wichtiger ist. Abgehakt und auf jeden Fall fortsetzungsfähig.

Mein Blick fällt auf **Punkt elf**. Ein neuer Haarschnitt. Die Zeit dafür ist gekommen. Ich greife zum Telefon. Morgen werde ich diesen Punkt abhaken können.

Neugierig setze ich mich an den PC. Eine ziemliche Anzahl von E-mails hat sich angesammelt. Die Hälfte ist Werbung. Erst mal zu Facebook. Oh, da hat sich ja

Einiges getan. Die Freundschaftsanfragen für die beiden Seniorengruppen sind angenommen worden. Sofort schreibe ich in jeder Gruppe einige nette Worte. Vorstellungsmäßig versteht sich. Dann schaue ich mir die Seiten an. Schön. In beiden Gruppen geht es sehr lustig zu. Zumindest vermittelt mir das mein erster Eindruck. Keiner fühlt sich so alt, wie er ist. Prima, es sind alles fidele Leute.

Jetzt noch die Mails checken. Eine Einladung zum Frühstück ist dabei. Ich kenne die Frau nicht persönlich, habe aber seit einiger Zeit schriftlichen Kontakt mit ihr. Sie will mich abholen, welch ein Service. Oh, schon morgen? Mann, Mann, Mann und ich habe einen Mopp auf dem Kopf.

Frühstückstreffen

Dienstag

Gerade noch rechtzeitig erfahre ich, dass das Frühstück in der Kirche einer Baptisten-Gemeinde ist. Das ist in Ordnung, solange man mich nicht bekehren will. Bevor es losgeht, google ich noch schnell, ich habe nämlich nicht das geringste Wissen über Baptisten. Aha, geht ja noch. Auch wenn es sich ganz harmlos anhört, kommt es für mich nicht in Frage. Unmöglich könnte ich meine Gemeinde verlassen. Gerade habe ich dort wieder Fuß gefasst und mit dem Pfarrer ausgiebig gefrühstückt und geplaudert. Da fällt mir ein: ich muss ja noch **Punkt zwölf** abhaken. Ich habe sogar im Urlaub einen Gottesdienst am Strand besucht.

Aber ich bin neugierig und will es auf mich zukommen lassen. Neugier und Weltoffenheit ist nie zum Schaden. Es kann also nur von Nutzen sein, und vielleicht ergeben sich auch neue wertvolle soziale Verbindungen.

Obwohl wir zeitig ankommen, sind schon fast alle Tische voll besetzt. Zehn Minuten später gibt es keinen freien Platz mehr. Die Gemeinschaft der Baptisten scheint eng und stark zu sein. Wahrscheinlich besteht unter ihnen eine unverwüstliche Verbindung. Alle kennen sich und plaudern miteinander. Ich fühle mich fremd. Obwohl ich gebührend am Tisch vorgestellt wurde, hilft mir das nicht wirklich.

Mein Blick schweift nun von Tisch zu Tisch. Ich komme schnell zu dem Ergebnis, dass fast alle viel betagter als ich sind. Ich sehe nur graue Haare mit Standardfrisuren. Konservative Kleidung in Blau und Grau sticht mir ins Auge. Gehilfen und Rollatoren stehen an den Seitenwänden. Wie viele Stents, Herzschrittmacher und Inkontinenzhosen dabei sind, wage ich mir gar nicht vorzustellen. Ich muss mich zusammenreißen und das Beste daraus machen. In naher Zukunft kann ich mich schließlich auch dazu zählen. Reich an Jahren bedeutet nicht, weniger wertvoll zu sein. Im Gegenteil. Viel Erfahrung und eine große Portion Lebensweisheit steckt unter jedem grauen Haarschopf. Jede graue Dauerwelle, modelliert mit viel Haarspray, hat ein Recht auf ein würdevolles Leben. Respekt, ich sage nur Respekt vor den wirklich alten Menschen. Denn genauso möchte ich auch einmal behandelt werden.

Die Begrüßung haut mich dann dennoch vom Stuhl.

„Herzlich willkommen zu unserem *Seniorenfrühstück*." – Da haben wir es wieder!

Warum nicht: „Herzlich willkommen zum Frühstück, meine Damen und Herren"? Überall wird man als Senior abgestempelt und vielleicht auch noch als senil. Das Wort Senioren bringt es ja sozusagen schon automatisch mit sich. Zumindest wird es oft in diesen Zusammenhang gebracht.

Ein Gebet folgt. Mir knurrt der Magen. Dann wird gesungen. Dann folgen weitere Worte. Verdammt, wann wird endlich gefrühstückt. In dem Moment, als mir vor Hunger schon flau wird, kommt das Startzeichen. Endlich.

Die gut betagten älteren Herrschaften nehmen sich nur kleine Portionen. Man hat ja keinen großen Appetit mehr. Das Scheibchen Käse verliert sich auf dem Teller. Ich aber habe Hunger, ich leide noch nicht unter

Appetitlosigkeit. Trotzdem traue mich nicht, herzhaft zuzulangen. Ich esse mich hungrig.

Dann folgt ein Vortrag. Mein Magen knurrt erneut. Er knurrt laut und deutlich, und alles dreht sich zu mir um. Ist das peinlich! Nach weiteren Liedern und einem Gebet wird das Frühstückstreffen für beendet erklärt.

„Allen Senioren einen guten Heimweg." – Den werde ich haben.

Im Vorraum wird noch ein wenig geplaudert. Einige verabreden sich privat, und andere schwatzen über zurückliegende Erlebnisse. Nur ich bin stumm wie ein Fisch. Die Kommunikation ist bei mir heute erheblich zu kurz gekommen. Wieder einmal fand kein zwischenmenschlicher, interessanter Austausch statt. Die dafür zuständigen Gehirnzellen konnten schlafen. Hoffentlich verschrumpeln sie nicht.

Neuer Haarschnitt

Mittwoch

Meine Friseurin glaubt nicht richtig zu hören. *„Ich möchte einen modernen Kurzhaarschnitt."* Dreimal fragt sie zur Sicherheit nach. Ich bleibe bei meinem Entschluss, die langen Haare kommen ab. Ich will unbedingt etwas Neues, eine gravierende Veränderung auf dem Kopf. Neu gestylt, ist halb gewonnen.

Ich verabschiede mich noch kurz von meinen schulterlangen Haaren, dann bin ich so weit. Schere, marsch! Ich bin bereit, neue und ungewöhnliche Wege zu gehen. Gespannt warte ich auf das Endergebnis. Schnitt für Schnitt verliere ich meine Haarpracht. Man kann sehen, wie sich ein Kurzhaarschnitt den Weg bahnt. Hier und da noch ein wenig fransig geschnitten, etwas gezupft, ein wenig gezogen, Gel hinein, strubblig gewuschelt – und fertig. Wow, es sieht umwerfend gut aus. Ich sehe mindestens fünf Jahre jünger aus. Es ist pflegeleicht, sturmfest und verjüngend. Was will ich mehr!

Das ist wohl auch der Grund, warum mich mein eigener Mann nicht gleich erkennt. Er ist sprachlos, es wirft ihn fast aus den Pantinen. Er kann nicht glauben, dass ich es bin. Dass ich den Mut dazu hatte. Ja, ich gebe zu, der Wiedererkennungswert ist gemindert. Ich sehe total anders aus – und das ist gut so! Er wird sich daran gewöhnen müssen.

Immer noch starrt er mich fassungslos an. Ich versuche, ihm die Vorteile dieser Frisur klar zu machen. Wir werden viel weniger Shampoo verbrauchen, auf Dauer gesehen sind das vorteilhafte Ersparnisse. Doch er meint nur: „Die Haare wachsen ja wieder."

Aber nicht mit mir. Es ist mein Kopf, und ich bestimme, wie ich aussehen will. Solange ich selbst entscheiden kann, wie ich leben und aussehen will, werde ich mir von niemandem etwas vorschreiben lassen.

Eines Tages, wenn die Zeit gekommen ist und andere Menschen für mich entscheiden müssen, werde ich es wohl oder übel zulassen. Dieser Tag mag vielleicht kommen, vielleicht auch nicht. Ich bin sehr zuversichtlich, die Zukunft mit geistiger Frische und körperlichem Wohlbefinden selbst meistern zu können. Wohl dem, der keine Betreuung und keinen gesetzlichen Betreuer braucht.

Bei nächster Gelegenheit werde ich eine Patientenverfügung ausfüllen. So kann ich mir in späterer Zukunft möglicherweise viel Leid ersparen.

Zufrieden hake ich **Punkt elf** ab. Der neue Haarschnitt gefällt mir.

Neues Handy

Samstag

Der unvermeidbare morgendliche Blick in den Spiegel bereitet mir jetzt erstaunlicherweise große Freude. Wer hätte das gedacht. Ich habe mich sehr zum Vorteil verändert. Der neue Haarschnitt bewirkt Wunder. Die Zeit war aber auch mehr als reif für eine Erneuerung.

Zufrieden, was selten genug ist, setze ich mich an den kleinen runden Küchentisch. Der Kaffee schmeckt, und ich schlage die Zeitung auf. Ich liebe dieses Ritual am Morgen. Rituale sind phantastisch, sie versüßen mir den Alltag und halten eine gewisse Regelmäßigkeit aufrecht. Das liegt nicht an meinem etwas fortgeschrittenem Alter, Kinder lieben auch Rituale und brauchen sie zum Erwachsenwerden. Rituale bringen Geborgenheit und Zufriedenheit und sind für alle Lebensphasen gut.

Mein Blick fällt auf eine lokale Schlagzeile. Was zum Teufel ist das denn? Ist heute der erste April? Das kann doch nur ein Scherz und unmöglich ernst gemeint sein. Ich lese die Zeile zur Sicherheit noch einmal. Nein, da steht tatsächlich schwarz auf weiß *Seniorenspielplatz*. Ein Bild ist auch dabei. Es zeigt die Vorsitzende des *Seniorenbeirates* (wieder so eine Erfindung), wie sie eins von vier Sportgeräten wagemutig einweiht. Sie stehen in Reih und Glied neben dem Kinderspielplatz.

Ich wage zu bezweifeln, dass diese Trimm dich-Geräte je von ebenso wagemutigen Senioren benutzt werden. Kaum einer wird sich darauf zur Schau stellen wollen. Neben den Kindern, die geschmeidig klettern und turnen, werden sich die Senioren nicht wohlfühlen. Wahrscheinlich fühlen sie sich eher lächerlich.

Mobil bis ins hohe Alter, heißt es. Fitnessgeräte für jeden Senior und für jede Seniorin, um in Bewegung zu bleiben. Ich gehe da bestimmt nicht drauf. Außerdem würde mich jeder Spaziergänger beobachten können. Ich käme mir ziemlich dämlich dabei vor. Trotzdem will ich es mir später ansehen.

Mein Weg führt mich in das Einkaufszentrum. Das wiederum liegt direkt am *Seniorenspielplatz*. Ich möchte mir gerne ein neues Handy kaufen. Mein altes Handy hat ausgedient. Bisher dachte ich, dass ich so einen modernen Schnickschnack nicht brauche. Mein PC reicht mir und natürlich das Festnetztelefon. Doch ich habe festgestellt, dass ich der Zeit hinterherhinke. Alle meine Bekannten sind durch WhatsApp in ständiger Verbindung. Ich verpasse also das halbe Leben. Ich bin immer die letzte, die die Neuigkeiten erfährt. Nun ist Schluss damit! Ich brauche jetzt so ein Teil, mit dem ich alles machen kann. Was genau das *alles* ist, weiß ich noch nicht.

Aha, da ist der *Seniorenspielplatz*. Mir wird gerade klar, dass der Begriff reichlich albern klingt. So gar nicht würdevoll. Ich finde eher, es ist eine Diskriminierung. Einsam stehen die vier Sportgeräte neben dem kleinen

See. Einsam, weil sie niemand benutzt. Da haben wir es doch schon. Sie werden verwittern und verrosten.

Ich gehe weiter zum Fachmarkt, um mir die Handys anzusehen. Eine riesige Regalwand ist mit Handys übersät, und ich weiß nicht, wo ich zuerst hinsehen soll. Ich beschließe, einfach mal die Wand abzulaufen. Das eine oder andere nehme ich in die Hand, schaue auf die Preise und wie die Marken heißen. Mir wird ganz schwindelig, die Dinger kosten ja ein Vermögen. Ich bin ratlos.

Aus den Beschreibungen werde ich auch nicht schlau. Wie soll ich überhaupt mit so einem Teil fertig werden? *Na ja*, tröste ich mich, *meine Bekannten schaffen es ja auch*. Welches ist das Richtige, welches soll ich nehmen?

Ein junger, viel zu junger Verkäufer eilt auf mich zu. Am liebsten würde ich mich jetzt verdrücken. Doch es ist zu spät. Just in diesem Moment fragt er nach meinem Begehr.

„Ich möchte gerne ein Handy", sage ich schüchtern. Ich hoffe inständig, dass er mich nicht nach meiner Erfahrung mit diesen Geräten fragt.

Er schaut mich an – etwas zu lange nach meinem Geschmack. Dann geht er zum Ende der Regalwand, nimmt ein Handy herunter und kommt damit zu mir.

„Das ist ein besonders schönes und sehr aktuelles Model, ein *Seniorentelefon*. Genau das Richtige für Sie", sagt er freudestrahlend, weil er denkt, das Richtige gefunden zu haben. Doch das hat er ganz und gar nicht!

Der Blödmann schleppt mir ein Seniorenhandy an. Was glaubt der denn, wie alt ich bin. Ich schnaufe vor Wut, mein Blutdruck steigt.

„Junger Mann", sage ich mit vor Zorn bebender Stimme, „sehe ich aus, als bräuchte ich ein Seniorentelefon?"

„Ja", sagte er und ist sich dabei unverkrampft sicher.

„So?", mein Kopf wird rot, ich fühle es. „Dann passen Sie jetzt mal gut auf. Ich will ein Handy, mit dem ich ins Internet kann. Ich will ein Handy, das mir alle nur erdenklichen Möglichkeiten bietet. Am besten so eins, wie Sie es selbst auch benutzen. Das Teil da können Sie weglegen. Ich bin noch kein Pflegefall, und wo wir schon mal dabei sind, auch nicht senil."

Jetzt steht er da, fassungslos, mit weit aufgerissenem Mund und zur Abwechslung wird nun sein Kopf rot. So richtig schön Karminrot. Da kommt Freude bei mir auf.

Erneut geht er an der Regalwand entlang und kommt mit einem Handy zurück. Ja, das sieht nach Handy aus, stelle ich zufrieden fest. Ich wiege es in der Hand, schaue mir das Design an, von mehr habe ich keine Ahnung.

„Gekauft", sage ich. Den Preis muss ich meinem Mann verschweigen. Aber es wird sich bezahlt machen, da bin ich mir sicher.

Mein Mann kann mir das Handy aktivieren. Mehr aber nicht. Er ist auch nicht mehr so unbedingt auf dem neuesten Stand der Technik. Ich soll mich da jetzt allein durchwursteln. Doch alle meine Versuche sind zum Scheitern verurteilt. Erst am späten Abend gelingt es mir, ins Internet zu kommen. Tief in der Nacht weiß ich endlich, wie man eine SMS schreiben kann. Aber von WhatsApp bin ich noch weit entfernt.

Ein paar Tage später hilft mir meine jüngere Freundin, bei der das Alter noch nicht eingezogen ist. Ich staune, wie schnell es geht – zack, ich bin bei WhatsApp. Herrlich. Nun kann ich in Sekundenschnelle Nachrichten verschicken und empfangen. Das ist doch schon mal was.

Wenn bloß nicht das Feld mit der Tastatur so elendig klein wäre. Ständig habe ich die falschen Buchstaben getippt. Eigentlich ist alles ziemlich klein und sehr gewöhnungsbedürftig. Aber es wird schon, da bin ich mir sicher. Ich bin ganz bestimmt noch nicht zu alt dafür.

Morgen gehe ich mir so einen Stift zum Tippen kaufen. Wahrscheinlich sind meine Finger zu dick.

Statt eines Nachworts

Ein Jahr später

Gemütlich sitze ich in einem grünen Strandkorb. Ich blicke in die Ferne zu den Inseln, die glasklar im Sonnenschein liegen. Ich muss lächeln, wenn ich an meinen Kampf mit dem Alter denke. Ich habe nicht gewonnen, aber auch nicht verloren. Genüsslich und sehr glücklich lehne ich mich zurück. Die Sonne scheint auf meine glatt rasierten Beine und bräunt sie sanft. Ich schließe die Augen. Dann lasse ich mit dem größten Vergnügen und einer angenehmen Lässigkeit das letzte Jahr Revue passieren.

Megafreude kam auf, als ich bereits nach wenigen Wochen (nach meinem neuen Haarschnitt) **Punkt vierzehn** abhaken konnte. Meine sozialen Kontakte haben sich um ein Vielfaches erweitert. Es sprach sich schnell herum, dass ich gerne vorlese – mit Vorliebe meine eigenen humorvollen Werke. Darauf bin ich besonders stolz. Die Menschen lachen gerne. Der Alltag ist oft trist genug, da kommt das Lachen dann zu kurz. Lachen ist wichtig. In dem Moment, wenn der Mensch so richtig herzlich laut und schallend lacht, geschieht so einiges im Körper. Kräftiges Lachen stärkt die Gesichtsmuskeln, versetzt die Stimmbänder in Schwingungen und der Puls steigt. Die Haut wird stärker durchblutet und das allein ist schon mehr als positiv. Stress wird abgebaut und Glückshormone freigesetzt. Ja, und das Immunsystem profitiert auch noch davon. Was will Frau mehr, da nimmt man doch gerne kleine witzige Lachfältchen in Kauf. Dann macht das Vorlesen gleich doppelt so viel Spaß.

Ich habe in den letzten Monaten zwei Bleistifte zu Stummeln geschrieben. Das Ergebnis kann sich sehen lassen. Alle meine Geschichten über das Alter aneinandergereiht ergeben ein schönes Buch. Ich könnte eigentlich **Punkt vier** abhaken, aber ich halte noch kein fertiges Buch in den Händen. Geschrieben ist es. Genau das wollte ich ja und war mein Ziel. Jetzt fehlt nur noch ein seriöser Verlag. So habe ich nur einen halben Haken hinter dem Punkt gemacht. Wer weiß, vielleicht kann ich bald einen fetten Haken daraus machen.

Mächtig gut fühle ich mich, nachdem ich meinen Zigarettenkonsum reduziert habe. Das fiel nicht schwer, da mein Mann ernsthaft erkrankt ist. So sehr ich mich seinerzeit auch darüber gefreut habe, dass nun auch bei ihm das Alter eingezogen ist, umso trauriger war ich, als es tatsächlich ernst wurde. Ja, heute schäme ich mich für diese schadenfrohen Gedanken. Erst war es der Rücken, dann das Herz. Nun weiß ich, wie sehr ich meinen Mann liebe, und dass ich ihn noch nicht verlieren will.

Eines Abends, als er seinen Blutdruck prüfte, meinte er: „Ich werde alt. Wenn ich mich so im Spiegel betrachte und dann noch an mein schlappes Herz denke, dann sehe und merke ich, wie alt ich geworden bin."

Ich hielt ihm meine Oberarme hin und sagte: „Ich auch." Dann mussten wir beide so herzlich lachen, dass wir schon fast wieder glücklich waren.

Mein erbitterter Kampf gegen das Alter ist in Anbetracht der Gesundheit meines Mannes nichts wert. Doch bis ich zu diesem Entschluss kam, habe ich mich noch ordentlich kasteit.

Nur einige Wochen nach meinem Urlaub bin ich ein zweites Mal in das schöne Örtchen gefahren. Diesmal war ich nicht allein. Ich habe mir die hübsche kleine Ferienwohnung mit meiner jüngeren Freundin geteilt. Ich habe mich sogar getraut, selbst mit dem Auto die Strecke zu fahren. Das hat mir gut getan und meinen Glauben an mich selbst gestärkt. Wir hatten wundervolle Tage zusammen, viel Spaß auf den langen Wanderungen, und abends lagen wir zusammen im Doppelbett und haben wie die Teenager gekichert. Ich habe mich in diesen Tagen nicht alt gefühlt und war mit mir zufrieden.

Einige Monate später, Anfang des Herbstes, war ich ein drittes Mal da. Diesmal wieder allein. Aber ich war nun nicht mehr fremd. Der Strand war mein liebstes Ziel und wenn ich kleine Wanderungen machte, ging ich am Meer entlang. Das ist dort fast unbegrenzt möglich. In ein Restaurant zu gehen, bereitete mir keine Schwierigkeiten mehr. Man kannte mich schon und das war gut so.

In diesem Urlaub beschloss ich, dass eine Ferienwohnung für mich nur hier in Frage käme. Und dann geschah ein Wunder: Ich bekam eine schöne große Wohnung angeboten. Acht Tage dachte ich darüber nach. Dann kam mein Mann, um mich abzuholen. Ich erzählte ihm davon und zeigte ihm die Wohnung. Hell, groß genug und voll möbliert. Eine kleine Terrasse war auch mit dabei. Mein Mann war begeistert. Wir unterschrieben den Mietvertrag.

Zu Hause habe ich vor Freude strahlend, **Punkt zwei** abgehakt. Dass ich dieses Ziel so schnell erreichen würde, hätte ich nie gedacht.

Nun kann ich ans Meer fahren, wann immer ich will. Das macht mich überglücklich und wirkt sich positiv auf mein Gemüt aus. Depressionen? Übellaunigkeit? Wut und Stress? Fehlanzeige! Und das Alter ist nicht mehr die Hauptperson.

Ich habe in der letzten Zeit viele Bilder gemalt, bunte freundliche Bilder. Einige hängen sogar in der Ferienwohnung. Ich bin stolz darauf. Von Bild zu Bild werde ich besser. Ich werde auch in Zukunft malen, denn beim Malen vergisst man den Alltag und versinkt in das Bild. Ich erlebe sozusagen meine Malerei. Das ist schön, und außerdem gefällt das dem Alter nicht. Wie so vieles andere auch, was ich in den letzten Wochen und Monaten gemacht habe.

Ihm gefällt mein ausgeglichener Gemütszustand nicht und schon gar nicht mein aktiver Lebensstil. Ja, der Feind in meinem Körper musste sich wohl oder übel etwas zurückhalten. Ich biete ihm kaum noch Chancen, etwas zu zerstören. Er ist noch da, und er wird nie ganz verschwinden, doch ich kann ihn gut in seine Schranken weisen und auf Diät setzen. Und das reicht mir.

Ich habe in den letzten Tagen viel nachgedacht. Ich war ja schon kurz davor, den Bezug zur Realität zu verlieren. Verbissen und stur gab es nur noch den Kampf gegen das Alter. Bei diesem Tauziehen mit ihm habe ich mir Schwielen und Blasen geholt. Doch dann merkte ich: los werde ich das Monster nie. Aber ich kann das Alter aufhalten. Mir wurde schlagartig klar, dass ich das schon die ganze Zeit mache. Das sehe ich daran, dass ich keine neuen beklagenswerten Runzeln bekommen habe und dass es mir körperlich gut geht.

Geistige Aktivität und Bewegung, soziale Kontakte und all der andere Schnickschnack haben dazu beigetragen.

Alter ist nicht gleich Alter und bedeutet nicht gleich Falten und Gebrechlichkeit. Ich habe dem Alter meine Freundschaft angeboten. Man muss das Alter wie ein Familienmitglied behandeln – und manchmal wie ein rohes Ei. Es gehört zum Leben dazu. Wenn man das akzeptiert, dann kommt man mit ihm aus.

Ich will mit ihm kooperieren, will mit ihm einen Kompromiss schließen. Ich biete ihm an, nur an den

Feiertagen ein Stückchen an mir zu nagen. Mal sehen, was das Alter davon hält.

Ach, eigentlich brauche ich das gar nicht. Es reicht, wenn ich meine positive Einstellung zum Leben behalte. Dann lässt das Alter mich schon eine Weile in Ruhe. Und mehr will ich gar nicht mehr.

Im nächsten Jahr werde ich noch ein Ziel erreichen. Ich werde mit meiner jüngeren Freundin einen Pilgerweg gehen.

Und eine Putzfrau kann ich mir dann bestimmt leisten, wenn mein Buch erscheint. So weit so gut. Gleich morgen suche ich einen Verlag.

Am Ende meines Jungseins habe ich nun den Anfang meines Altseins erreicht. Und ich akzeptiere das. Es ist gar nicht so schlecht. Ich blicke auf viele schöne Jahre zurück und erwartungsvoll und neugierig auf die kommenden Jahre. Ich freue mich darauf. Vielleicht lerne ich noch Italienisch. Neue Sprachen zu lernen, soll sehr gut für die Gehirnzellen sein.

Gleich morgen fange ich an!